世界上最伟大的销售员

把任何东西卖给任何人

[美]乔·吉拉德 [美]斯坦利·H.布朗 著 贾子达 杜嫦娟 译

THE WORLD'S GREATEST SALESMAN

重庆出版集团 重庆出版社

HOW TO SELL ANYTHING TO ANYBODY by JOE GIRARD WITH STANLEY H.BROWN
Copyright: ©1997 BY JOE GIRARD AND STANLEY H.BROWN
This edition arranged with SIMON & SCHUSTER, INC.
Through Big Apple Agency, Inc., Labuan, Malaysia.
Simplified Chinese edition copyright:
2014 Beijing Insight Books Co., Ltd
All rights reserved.

版贸核渝字（2020）第38号

图书在版编目（CIP）数据

世界上最伟大的销售员：把任何东西卖给任何人／（美）吉拉德，（美）布朗著；贾子达，杜嫦娟译. — 重庆：重庆出版社，2014.11
 ISBN 978-7-229-08881-1

Ⅰ.①世… Ⅱ.①吉…②布…③贾…④杜… Ⅲ.①销售-方法 Ⅳ.①F713.3

中国版本图书馆CIP数据核字（2014）第260602号

世界上最伟大的销售员：把任何东西卖给任何人
［美］乔·吉拉德 ［美］斯坦利·H.布朗 著
贾子达 杜嫦娟 译

出　　品：	华章同人
出版监制：	徐宪江　秦　琥
责任编辑：	徐宪江　何彦彦
营销编辑：	史青苗　刘晓艳
责任印制：	杨　宁
封面设计：	水玉银文化

重庆出版集团
重庆出版社　出版
（重庆市南岸区南滨路162号1幢）
天津淘质印艺科技发展有限公司　印刷
重庆出版集团图书发行公司　发行
邮购电话：010-85869375
全国新华书店经销

开本：787mm×1092mm　1/16　印张：15.25　字数：150千
2015年3月第1版　2025年6月第9次印刷
定价：39.80元

如有印装问题，请致电023-61520678
版权所有，侵权必究

编者的话

《吉尼斯世界纪录大全》认可的"世界上最伟大的推销员",唯一一位以销售员的身份跻身美国"汽车名人堂"的传奇人物,美国学术成就学会"金盘奖"得主——这就是本书作者乔·吉拉德。

乔·吉拉德,意大利裔美国人,原名约瑟夫·萨缪尔·吉拉德(Joseph Samuel Gerard),1928年11月1日出生于美国密歇根州底特律市意大利西西里人聚居区的一个贫民家庭。在人生的前35年里,吉拉德是个不折不扣的"卢瑟儿":高中没读完,就中途退学;从事过约40种不同的工作,但都被老板炒鱿鱼;加入美国陆军,只待了97天;开了建筑公司,却因为受骗上当而债台高筑、宣告破产。最后,在走投无路的情况下,为了让妻儿填饱肚子,进入了汽车销售行业。

在20世纪60年代的"汽车城"底特律,至少有39家大型的汽车经销营业所,每家又各有20~40人不等的销售员阵容,可说是全世界竞争最激烈的一处市场。乔·吉拉德在此付出了艰苦的努力:以一支笔、一个通讯录开始,一点一点拓展自己的销售名录;为了更好地融入美国社会和被人记住,将自己名字改为"Joe Girard";克服自己口吃的毛病,放慢语速,用微笑和倾听打动客户的心。最终乔·吉拉德凭借勤奋、机敏、顽强与诚挚,在其15年的汽车销售生涯中,完成了13001辆的汽车订单，他所保持的世界汽车销售纪录：连续12年平均每天销售6辆车，至今无人能破。

在此之后，乔·吉拉德开始将自己的成功经验向世界各地推广，成为一名世界著名的演讲家，他经常出现在各个社会团体、组织、机构以及销售会议上，他的书和演讲改变了千百万销售人员和普通人的命运。

本书是乔·吉拉德在实践中锤炼出来的销售感悟和销售技能的卓越总结。全书共20章，内容涵盖了销售心态塑造、销售信息获取、客户档案管理、销售现场谈判、售后服务、客户关怀等现代营销学的专业领域，还包括销售形象、销售气味、激发顾客的参与感等销售策略，甚至还有"吉拉德的250法则""吉拉德的工具箱""猎犬计划：发展你的业务介绍人"等销售技巧。在本书中，作者通过亲身经历和感人故事告诉每位读者，销售员真正销售的不是他所卖的商品，而是他自己；诚实销售，才能赢得客户的心；抓住客户并取得他们的信任，才是实现销售的要诀；真正的销售始于成交之后。

本书行文简洁，语言通俗易懂。这并不是因为作者只有高中文化水平，而是作者始终作为第一线的销售人员，抓住了销售的本质。不同于市场上那些缺乏直接销售经验的编撰类图书，作者的表达完全来自个人多年的面对面销售经验总结，是最直接也最通俗而且行之有效的销售法则。正如乔·吉拉德的一句名言："如果我能做到，你也能！"

吉拉德说，一笔生意在销售员与顾客之间成交时，双方都是胜利方，没有输家。如果你把销售看成一个永无止境的连续过程，那么你就会成为这个行业的顶级人物。因此，吉拉德在这本书里告诉我们的，实际上是如何修正自己、反败为胜，如何从人生的失败者变成大赢家。希望读者在阅读本书时，能领悟到这位美国老人身上所蕴含的热忱与坚韧，像乔·吉拉德一样，成为人生的赢家！

献给在天堂的母亲

她的爱拯救了我

使我确信

我是个有价值的人

——乔·吉拉德

CONTENTS 目录

1/ 前言 成功之路就在你脚下

题注：彻底接受自己，伟大是熬出来的 _1

我和你一样，都是销售员 _3

销售是艰难而伟大的职业 _7

态度正确是成功的关键 _10

13/ 一 失败之末，成功之始

题注：以苦难为师，不畏将来，不惧过往 _13

谁都不是天生的成功者 _15

年轻时的困苦生活 _19

容易钱不容易挣 _25

没有时间为自己遗憾 _29

31/ 二 一切从你想得到什么开始

题注：目标是我们的行动方向 _31

有目标是成功的开始 _33

需求是最大的动力 _35

39/ 三 所有人都是你的顾客

题注：有正思维才有正能量 _39

有了负面想法，就会捅娄子 _42

销售是双赢的战争 _44

48/ 四 吉拉德的250法则

题注：细节决定成败 _48

1个实际顾客可影响250个潜在顾客 _51

时时刻刻都要保持良好的心态 _52

55/ 五 别加入小圈子

题注：让每一种行为都有价值 _55

不要把时间浪费在闲聊上 _58

从自己的经验中学习 _59

唯工作价值能使你与众不同 _60

努力总是好的 _62

65/ 六 不要停下前进的步伐

题注：主动去做，努力去做 _65

忙着总比闲待着好 _68

销售是一场信息战 _69

不断地寻找顾客 _71

74/ 七　概率法则：无勤敬则无功成

　　题注：用一切为了目标的心去看世界 _74

　　了解潜在顾客的细节 _76

　　无处不在的顾客名单 _79

　　让大家知道你是卖什么的 _80

82/ 八　吉拉德的工具箱

　　题注：每个人都需要一个工具箱 _82

　　顾客满意是未来生意的最好保证 _85

　　现在就开始建立你的顾客档案 _85

　　名片是小而有力的销售工具 _87

　　向与你交谈的每一个人销售 _88

91/ 九　让顾客读你的信

　　题注：像重视自己一样重视顾客 _91

　　人们关心"自己的信件" _93

　　像家书一样的销售信 _94

　　一个月中最好的时光 _95

　　老顾客就是最好的潜在新顾客 _97

100/ 十　猎犬计划：发展你的业务介绍人

题注：人脉与关系的力量 _100

谁都需要帮助才能成功 _103

信守诺言——他们会因此爱你 _104

每个人都能为你拓展生意 _105

介绍人不要现金怎么办 _107

让你的理发师时时谈起你 _108

与介绍人维持关系 _111

失小便宜，得大生意 _113

117/ 十一　执行最重要

题注：以结果为导向，做一个有强大执行力的人 _117

落实你的计划才能成功 _119

让更多人自动上门找你 _120

干得多，也要干得巧 _121

宁可损失一天，也别损失250名顾客 _123

搞清楚为什么没有成交 _125

130/ 十二　诚实为本

题注：知行合一方有妙果 _130

最好的对策 _132

喜欢你销售的东西 _134

先吃小亏，后占大便宜 _136

139/ 十三　印象取决于形象

　　　　题注：你的形象价值百万 _139

　　　　容止端肃，让顾客喜欢你 _141

　　　　不穿顾客反感的衣服 _142

　　　　让顾客心怀感激 _143

146/ 十四　销售气味

　　　　题注：引导顾客消费情绪 _146

　　　　让顾客拆封 _148

　　　　参与的吸引力 _149

　　　　体验产品是最大的诱惑 _150

153/ 十五　间谍与情报

　　　　题注：信息就是财富 _153

　　　　满足别人就是满足自己 _156

　　　　打破坚冰，让顾客自我暴露 _157

　　　　如何判断顾客的生活状况 _159

　　　　聚焦于销售，不要与顾客攀比 _161

　　　　贷款购物是通常的办法 _163

　　　　为成交做好准备 _165

168/ 十六　锁定交易

题注：掌握他人心理才能让交易成功 _168

把握成交时机 _170

让顾客下订单 _171

帮顾客做决定，确保付出有回报 _172

成交后的信任 _175

让顾客先把产品拿走，使他只好成交 _176

现场交付是个好办法 _180

神奇的字眼 _183

186/ 十七　售后服务决定你成功的高度

题注：成交之后，依然不要忘了250法则 _186

记录成交后的细节 _188

将柠檬变成桃子——卖出次品后怎么办 _191

继续和顾客保持联系，延续销售的长度 _195

用自己的大脑总结销售经验 _196

199/ 十八　超越自己的局限

题注：个人是有限的 _199

懂得雇佣他人 _201

最大的对手是自己 _204

销售是最神奇的演出 _206

生活中最令我兴奋的东西 _207

210/ 十九　为职业投资

题注：记住，懒惰是永恒的绝望 _210

让销售机会最大化 _212

明智花钱，钱花得越多挣得越多 _214

与众不同，通常会更好 _215

219/ 二十　成功的销售没有终点

题注：成功者是因为具备成功的美德 _219

我的成功没有秘密 _221

顾客是最有价值的资产 _224

如果我能成功，你也能 _226

229/ 译者后记

前言　成功之路就在你脚下

题注：彻底接受自己，伟大是熬出来的

由于人的需求是五花八门的，所以单一的个体很难完全实现需要的自给自足，只能通过出售自己多余之物，购买自己所缺之物来满足自己的需求。换一种说法即是：任何需要从他人之处获得满足的需要，都需要我们销售自己的某种东西来完成需求交换，亦即是说，我们几乎无时无刻不在销售自己。

一个产品经理提交了一份策划案——他销售的是想法。

一个等待男友送生日礼物的女孩——她销售的是愿望。

一个央求母亲给自己倒开水的孩子——他销售的是需求。

一个找人投资企业未来远景收益的人——他销售的是抱负。

一个打字员寻找一份打字工作——她销售的是技能。

一个管理企业多年的高管——他销售的是经验。

一家名牌电脑企业——它销售的是产品和服务。

无论你是谁，也无论你在哪儿，你一直都在忙着的是销售，只是有的销售是即时成交，而有的销售有更多的环节，使得你必须付出一定程度的努力或到一个约定期限之时，才会成交。例如你必须写完一本书后才能拿到稿费，你必须到发薪日才能领到工资等，你在很多时候都没有留意罢了。即使你有多无视，你也得承认，活着的每一天，不断进行的或大或小的选择是交易。比如，你的胃有十杯的容量，早上十点喝了一杯豆浆，这被占用的一杯之量，在一段时间里，便不能再装水了，你的喝水的机会成本，交易了喝豆浆的选择。你必须承认，任何需要他人配合才能满足的需求，你都得付出点什么才能实现，而这也是交易。妈妈不让你看电视，你可以付出撒娇和啼哭等情感来实现这一笔销售的成交；男友不陪你看书，你可以承诺给他做顿早餐甚至只是一个亲吻来实现这笔销售的成交。

人生就是交易，就是不断销售的过程。但是，成功销售的基础建立在信任的基础之上，信任又建立在了解的基础上，所以我们若想成功完成销售，必须让顾客相信，我们是值得信赖的——然后才能打消他们对价值的怀疑，确保他们相信所花的每一分钱都是值的。

因此，在销售我们的想法、愿望、需求、雄心、技能、经验、产品和服务之前，我们必须向自己销售自己。这意味着我们必须反问自己一个问题："你相信自己吗？"你只会购买自己百分之百相信的东西，如果你做不到百分之百地相信自己，你的自我销售便是失败了。简而言之，你必须彻底了解自己的价值，才可能百分之百地相信自己，而所谓的自己销售自己，其实是让你自己接受自己。你愿意全然地接受这样一个你吗？

实际上，境随心转，你认为自己是个什么样的人，往往就会成为什么样的人，而这一切，都始于你怎样看待自己，始于你能否接受自己。你都不相信自己，不愿意购买自己，别人又如何相信你，购买你呢？

从现在起，学会接受自己，学会喜欢自己。

而这意味着，你必须做一个能让自己喜欢的人。

一个心理学家说过，只有接受，才能理解；只有理解，才能放下，才能正视自己的不足。一个不接受自己的人是看不见自己不足的，是不可能进行真正的自我改变的。他们活在别人的眼里、嘴里，活在各种虚幻的想象里，就是没有活在对自己的客观认识里。因为他自己不接受自己，比如他觉得自己貌丑，但凡有人有任何涉及长相的评价，他立马觉得是在说自己。他从来不去想容貌问题可以如何解决，只想提防别人的嘴。但若他接受了自己丑的这一事实，首先想的不是他人的评价，而是想着丑已经是一个事实，那么他要考虑的就是通过健身来使体态更好，通过仪态训练来使气质更佳，还是通过读书来使自己"腹有诗书气自华"，然后照自己认为最好的方式去坚持、去努力，成为自己喜欢的自己。

努力吧，从此刻起，学会接受自己，然后改变自己，成为最喜欢的自己。

让自己成为你最喜欢的自己，你的销售便成功了第一步。

我和你一样，都是销售员

你之所以将这本书拿在了手中，是因为你相信它将有助于你从工作中获得更多的东西，能让你赚到更多的钱，以及能让你获得更高的个人满意度。本书不大可能是你的第一本销售学书，十有八九，你已经见过、读过其他许多类似的书。而那些书或许已经将所谓的销售"秘密"和"灵感"都教给了你。你可能已经很懂得如何给自己鼓劲，如何激励自己。比如，在每天清晨一边照镜子一边重复某些话给自己打气啦，一边告诉自己会交好运啦。到现在，关于如何提升自己，你可能已经听过很多可以塑造表达和态度的方法，你有了不少的心得和体会。你已经很理解自己应该怎样想，不该怎样想。理解何为积极的心态,何为消极的心态。

但是,这些五花八门的书给你的忠告相互矛盾,你可能有一点迷惑了。

不可否认的是,那些发行商、专家以及本着良好意愿的人,也对这些书付出了很大的心血,所以我不当妄加评论。毕竟,他们跟我们一样,也是要谋生的。但若要实话实说,情况就不容乐观了。那些书的作者大部分根本没有销售产品的经验,除了他们的书以外。而读者想知道的是,如何在实际销售中完成产品和服务的交易。虽然这些人可能是专业的作者或销售培训专家,有的可能也做过几周或几个月的销售工作,然后就改了行。有的也可能只要每两年卖出一幢几百万美元的豪宅就能过得相当好了,但这和你想改进销售技巧没有什么关系。

这才是问题的关键:他们可不是像我们一样的销售员,不是天天靠销售为稻粱谋的人,并非只能搞销售,没有其他选择。虽然他们书中的道理听上去还不错,可能也会给你一点儿帮助,甚至可以让你挣回买他们书的钱。如果你好好琢磨那些书,你很快会发现,这些作者——哪怕是其中的佼佼者——都和我们不一样,并非真正的销售员。

但是我和你一样,确实是名普通的销售员。我一直在卖轿车和卡车——卖的是新车,而且做的是零售不是批发,一次卖一辆,需要与顾客面对面地讨价还价,然后完成交易。我的顾客与你每天要面对的顾客也是一样的。也许你卖的是汽车、西服、住宅、家电、家具之类的商品,天天要卖,卖得越多收入才越多。在你读那些专家写的书时,你可能会和我一样,总感觉似乎缺少了一些什么。没错,直觉告诉你,书中缺的恰是最直接的销售经验,缺少的是和我们的问题、同事以及实际交流密切相关的经验。那些写书的作者,端着高高在上的架子,不像我们那样需要为了面包而每天都得去艰苦地奋斗。所以,他们的书不实用。

本书之所以与众不同，之所以对你有用，就是因为我和你一样，每天都要去拼命销售。我有和你一样的工作，有和你一样的感受，有和你一样的愿望，最重要的是我成功了。虽然现在有不少人都被称为"世界上最优秀的销售员"，但他们也和我们不一样，并非普通销售员。但在我们这种普通销售员中，我是世界上最厉害的一位。信不信由你，如果你想证实一下，可以去查查世界上最权威的《吉尼斯世界纪录大全》，就查"世界上最伟大的销售员"，你会发现，那人就是我——乔·吉拉德。你还可以从《新闻周刊》（NEWS WEEK）、《福布斯》（FORBES）、《阁楼》（PENHOUSE）、《妇女之日》（WOMEN'S DAY）等媒体上查到关于我的报道。此外，在近几年的全国电视节目中，你也可能见过我，这些节目在介绍我时，用的就是"世界上最伟大的销售员"这种说法。这些媒体可不会信口开河。如果你还想查下去，那么，你可以查看1977年版的《吉尼斯世界纪录大全》，在第345页，就可以看到我。假如你没有1977年版的那本书，还可以查其他版本中的商业部分，关于我的报道，曾连续4年刊登在里面。

我是从1963年开始做汽车销售的，业绩如何呢？第一年，我只卖出了267辆汽车，仅此而已。虽然我的业绩如此不值一提，但这已足以让我衣食无忧了，而且，我的业绩已经是经销商店里最好的了，不可思议吧。1966年，是我入行的第4年，共卖出了614辆轿车和卡车，而且全部是零售。凭着这样的销售业绩，我在这一年成为"世界轿车和卡车头号零售销售员"。从那以后，我一直保持着这个位置。每年的业绩都比上年超出10%以上，有的年份比上年超出20%。尽管那时，美国正处于经济衰退、失业及漫长的罢工中。其实，国家经济状况越差，我工作就越拼命，业绩也就越好。所以当底特律地区汽车销售商将工作时间从每周6天改成5天时，我的业绩仍然是销售冠军。

我业绩最好的一年是1976年，佣金收入超过了30万美元。年收入比我高的人不多，除了那些卖飞机或导弹的家伙，这些人的业绩可能会超过我，他们可以连续3年给以贪污腐败出名的某国部长送钱，所以他们的产品销售量奇大，但他们的销售和我们谈的销售不是一回事。

我们现在谈的销售并不是行贿术，而是一门需要技能、工具、经验和实践的职业。无论业绩如何，我们总会遇到许多头痛的问题和挫折。但是，每一种挫折都会增长我们解决问题的智慧，如果我们做得好，它会给我们带来其他职业难以企及的巨大财富和情感上的回报。我坚持做销售，除了喜欢钱的原因外，还喜欢因不断取得胜利而带来的成就感和满足感。

也许你已经有了相当好的业绩；也许你已有了房子、度假地、游艇和好几辆汽车。但是，只要你读到了这里，就肯定还想拥有更多的东西——你想对了，每个优秀销售员还应该拥有更强烈的自豪感和满足感。其实，你的业绩越好，你的目标就应该越高。如果你小富即安，那么你不会看这本书，如果你不认为可以知足，业绩其实还可以提高。所以，请继续读下去吧。因为我对销售有一套完整而系统的方法，它很像乡间的农场，里面种着各种作物。用了我的系统方法后，你可以做许多和播种一样的事。你只需一直精心播种，然后就可以开始收获——一直收获。每谈成一笔生意，就如同播下若干粒种子。你一直在播种，也一直在收获——一直不停，贯穿于整个季节。我向你保证，没有什么职业能比这个还刺激了。

如果因为自己是个失败者，认为自己做销售不会成功，那就大错特错了。不妨告诉你吧，我曾是天下最失败的失败者。

在人生的前35年里，我是世界上最悲催的失败者：高中没读完，中途就退学了。之后，我先后从事过约40种不同的工作，但都被老板炒了。后来加入了美国陆军，但我也只待了97天。我连当小偷都不行，我曾偷过两次东西。第一次偷东西，得到的只是被拘留（青少年），度过了心惊胆战的一夜。第二次，因为证据不足，我被法官放了。后来我又开了一个小公司，有了份还算稳定的收入。但当我想扩大生意时，却因为上当受骗而债台高筑，只好宣告破产。

我是如何从一个破产者成为现在的成功销售员的，其中的故事，我会在后面逐一介绍。我不是一个只有花哨称号和一大堆头衔的旁观者，而是一个天天在一线努力工作的销售员。即使周游全国，在我给销售员讲课时，我也在进行着销售，只不过我销售的是理念：教做销售的人如何去做销售，因为他们自己也曾做过销售。讲述我成为世界上最伟大的销售员的经历最让我自豪，我也得到了更大的回报，因为许多普通销售员听了我的演讲后给我写信，说我使他们的销售理念升华了，他们变得更快乐了，更成功了，我改变了他们的生活。

销售是艰难而伟大的职业

记住，对一个真正的销售员来说，没有什么职业比做销售更好的了。成交的成就感就像棒球的击球手打出本垒打、橄榄球的进攻后卫触地得分、将军在战场上凯旋一样。但不同的是，一笔生意在销售员与顾客间成交时，双方都不是失败者。如果是一笔好交易，买者和卖者都是胜利方，没有输家。双方成交前的对抗，就像比赛或打仗一样，只是双方均不流血，也没有谁失败，最终双方都赢了。还有什么职业比销售更好呢？

其实，在你第一次见到潜在顾客的很久之前，你就已经开始向胜利进军了。在顾客签单、付款、携货品离开很久之后，你的进军仍在继续。真的，如果你像普通汽车销售员那样，认为只要顾客提车离开，销售就结束了，那么你会白白浪费无数成交的机会。如果你把销售看成一个永无止境的连续过程，那么你会成为这个行业的顶级人物。

只要把我的销售理念系统全面启动，就不必在进入汽车展厅的人中寻找潜在顾客，也不用特意去寻找"可能会买我车的人"，就能找到我的顾客。现在，所有的顾客一进营业厅就打听我，在每10笔成交生意中，约有6笔都是与回头客成交的。我说的是卖汽车，人们一般每三四年就会新买一辆车。但我的顾客大部分是中低收入者，他们买车的间隔要比三四年长不少。如果你销售的是服装、酒类或大家常常要购买的商品，那么留住回头客就更加重要了，要在汽车销售上留住回头客相当困难。因此，如果你从事的销售，是回头客决定你的产品或服务是否成功，那么你就要学会如何留住回头客。而一旦你学会如何留住回头客，就意味着更大的销售额和更好的业绩。

我敢肯定，如果你理解我的系统理念，而且照着去做了，一定能收到极好效果。现在，我对销售和顾客的看法都和过去不同了，这说明我对这一职业有了新认识。有许多人大谈职业态度的重要性，他们说，只要你对他们用大写字母标注的事项改变了态度，一切都将高枕无忧。大部分人还算是诚恳的，但毕竟不是天天与顾客面对面交流的销售员，他们依然解决不了我们的实际问题。

实话实说吧，我们生活在一个现实世界之中。这是一个艰难的世界，一个充满竞争的世界，不管你经营什么，总有人在经营跟你一样的商品。和我一样在卖雪佛兰牌汽车的销售员，多达数千名，他们的车型、顾客都和我一样。其他行业也有无数销售员在卖东西，大家面对的顾客相同，目的也一样，无非想为自己挣到买家具、住宅、游泳池、游艇的钱，以及学费和维持日常开支的必要储蓄。顾客走进店中的时候，他总想以某种方式攻击你，不是因为他是一个坏人，而是因为他认为你是一个坏人。所以我们选择了销售，就选择了一个非常艰难的职业。不过，只要我们愿意按照规则、标准和原则来做这件事，就可以通过这一职业获得成功，让我们挣足钱，满足情感。

你最好理解——如果你至今还不理解的话——首当其冲的第一件事是：世界并非一直是令人愉快的，人人都在互相竞争，目的都一样，而竞争是一场很难打的比赛。我不是哲学家，但我几乎很小的时候就理解了这一点。在35岁之前，我只弄懂了几件事，这都使我受益匪浅。上面说的算是一件吧。我还想说的是，对于所谓专家的论点，有的应该丢掉，有的应该重塑，你才能从中受益，才能使自己挣到更多的钱，并且从销售中得到更多的心理满足。

我们的世界充满了竞争，真的很艰难。但这不意味着为了生存，你就可以去偷去骗。好好地读这本书，你就会懂得我的意思。通过本书，你会了解如何通过正确的销售方法——我的方法，来改变他人，不仅挣到他们的钱，还赢得他们的友谊。真的，如果你不能使金钱、友谊兼得，经商之路就不可能走得多远。别误解我的意思，我所说的友谊不是指假正经的友谊，比如"爱你的邻居"一类的。至于你如何与邻居交往，那完全是你的私事。读到本书的"250法则"一章时，你就会真正理解我说的友谊是什么。我们要处理好顾客对销售员的多种态度，理解讲真话的重要性以及有时说些谎话的必要性。如果你不知道自己在与何种人打交道，不知道对方想听到什么话，从长远来看，你的职业生涯也不会取得多大成功的。这一点我可以肯定。

谈顾客态度之前，我们先谈谈你自己的态度。不要忘了，35岁之前，我一事无成。在你清楚细节后，你会为我感到遗憾，正如我为自己感到遗憾一样。但我现在要告诉你：遗憾是一个陷阱，会消磨你在生活战场上的必胜斗志，使你一直失败下去。我会在书中告诉你，我自己是如何从失败者变成大赢家——成为世界上最伟大的销售员的。然后你就能理解，哪些行为是在挫败自己，如何修正错误，从而反败为胜，使自己成为大赢家。

你要敢于动手改造自己，为自己的利益而奋斗，没有人能为你代劳。我通过展示对自己生活的改造及我为什么这么做——来帮助你审视自己及生活，并使你学会如何变劣势为优势、变负债为资产、变失败为成功。

只要你做到以上这些，头脑中就有了一套应有的正确态度。我知道，大部分所谓的专家的理论都和我相反，他们先向你宣讲正确的态度，然后要你照着去做。他们让你每天早上背诵或对着镜子朗诵那些有关信念的词条，以使你强迫自己相信那些信念。

态度正确是成功的关键

如果只会背诵词条，不知其中的理由或方法，这样的强迫没有什么意义。要想树立正确的态度，唯一的办法就是了解什么是错误态度，错误态度是如何养成的，为什么错误的态度一直存在。我会先讲我过去的那些错误态度，然后再讲生活中的巨大变化是如何使我树立了正确的信念的。不要以为我是靠上帝金手一点就突然改变的，下面你就会看到。

我的变化过程和所有脱胎换骨的人一样不容易，靠着自己的努力，我终于成功了。我的基础曾经那么差，都能获得成功，还有谁不能否极泰来？所以，这一点我也可以打包票。首先，你要有一套适合自己情况的正确态度；其次，理解我的办法中的其他规则和各个部分，理解为什么要适宜地、坚持不懈地去实践，那些东西会有效。我的250法则会告诉你，为什么要一直使用那套系统。说到利用时间时，你不仅会理解诸如时间价值以及浪费时间的成本等显而易见的事实，而且还会理解采取现实态度的重要性，理解如何在眼前和将来都能善待自己。当然，谈到我的做法时会提及如何销售汽车。我会拿自己的做法与其他行业销售员的做法进行对比。这样一来，道理就很明显，你自己就能看得出来。我说让顾客试驾汽车是至关重要的时候，你就该理解对房地产销售员来说，重要的是让顾客走进样板间去观看；如果你在销售西服或新式厨房，那就让顾客试穿西装，或为他们做一顿饭。早年间曾有吸尘器销售员在销售吸尘器时逐户访问，他们在地板上撒上尘土垃圾，然后用吸尘器去吸，让顾客了解他们的吸尘器有什么不同。铝制厨房间的销售员，则会做一顿饭来展示其产品，床垫销售员必须能让顾客躺下去试一下，这些做法和我让顾客试驾新车显然是同一个性质的。

我销售汽车时的一切行动和语言，几乎都能用于销售其他任何产品。虽然形式不同，但道理是一样的。人寿保险销售员可能不会像汤姆·索亚（美国小说《汤姆·索亚历险记》的主人公——译注）那样，让你参加自己的葬礼，但他会引导你谈论自己的妻子和孩子，并通过交谈让你将妻子和儿女的照片拿出来放在桌上。这就是一个极好的提醒：你的生命是有限的。这和我让顾客试乘新车的道理是一样的。

从现在起，我会慢慢展示我的发现——发现自己应该如何从失败者变成胜利者。我会告诉你如何树立必胜的态度，这些态度会如何引导我开发全套销售方法。请记住：正是这套销售方法让我成为世界上最伟大的销售员。

提示：喜欢上自己

1. 不要羡慕自己不想成为的人。

2. 不要做任何让自己感觉羞耻的事，无论在何处。

3. 接受自己的一切不足，然后改变。

4. 与赢家为伍，避开负能量传递者。

5. 排除负面情绪，把伤感和抱怨的时间用来解决问题。

6. 任何结果都是必然结果，只为成功找方法，不为失败找借口。

7. 相信自己是世界上最优秀的产品。

一　失败之末，成功之始

题注：以苦难为师，不畏将来，不惧过往

艳羡成功人士无限风光者良多，然慕其功成名就背后的千锤百炼者却鲜有闻说。斯密说过，我们追求的目标就是为了成为万众瞩目的人物、大家关注的焦点，从他人的注意中得到同情、满足和赞许。真正让我们动心的是虚荣，不是安逸享乐。

有的人为什么可以因为"虚荣"而疲于奔命，不择手段甚至以死相搏？我想，这大约和人类与生俱来的孤独和恐惧有关。孤独意味着生存困难——别扯某富人一直很孤独很快乐，有本事叫他别用他人创造的文明成果，如钱，如房子，如一切生存资料——所以我们那么害怕孤独。由此衍生出了基于恐惧的各种情感：幸福，不再恐惧；快乐，恐惧离开；贪婪，安全感缺失的恐惧；妒忌，自我存在感较低的恐惧；忧郁，轻度恐惧……所以人都会本能地夸张自己的重要性，来获得安全感的满足。我们那么渴望成功，就是为满足我们那永远难以满足的安全感。

但追求成功的路永远都不会一帆风顺，我们之所以不愿意承认错误，不愿意接受失败，只是因为骨子里的不自信，我们怎么可能指望一个不自信的人放低自尊？因为不自信的人，活在他人的眼神里，活在别人对他的肯定里。于他来说，便是别人一个不经意的眼神，都能视为对自己的不尊重。而自信的人，活在对自己的公正判断里，无论他人的眼光如何，无论世事的成败如何，只要自己不负初衷，仰不愧于天，俯不怍于人，就算结果不尽如人意，也不会耿耿于怀。所以古语云：尽人事，知天命。

何况，任何一种决定成功的良好品质都是在苦难、危险、痛苦和灾难的磨砺中练成的，不要拒绝这些老师。多年以后，当我们回首往事时，或许会惊讶地发现，让我们深怀感恩的，竟然不是那些好运，而是让我们完成心智蜕变的绝境。

所以我们必须明白，不是每一次起风都会下雨，不是每一个清晨都能看见晴空之上艳阳朗朗。在生命的长河里，你会遇到各种各样的挑战，各种各样的对手以及各种各样的挫折；你的每一天，都在各种不同的商场中展示自己、出售自己，每一次销售都是一场自己对自己的战争。做一个赢家，意味着你必须战胜不愿意接受本我的那个自己，把每一块绊脚石变成垫脚石头。

尼采说过，杀不死你的，只会使你更强大。即使岁月会像落叶一样飘逝，但生命中经历的每一场考验，都会在将来，成为我们的财富。著名节目《荒野求生》的主持人，贝尔·格里尔斯获得了足令绝大多数人永远都不可能望其项背的成功，但这九死一生的成功，绝大多数贪痴懒人是连美慕的资格都没有的。倘若没有超乎寻常的坚忍意志，没有艰苦至极的不断训练，没有无数次死里逃生，贝尔便不可能成为今日的贝尔。没有一种功成不需要九转，但却没有人不贪婪愚痴地希望成功可以一蹴而就。而世界上最伟大的销售员乔·吉拉德，如果没有一个苦难的家庭，便不会有9岁就懂得赚钱养家的吉拉德；如果没有一个暴戾恣睢的可恶父亲，便不会有懂得与人为善即是与己为善的吉拉德；如果没有40多份工作的辛苦辗转，便不会有在破产之后明白自己没有时间遗憾的吉拉德。他的伟大是苦难的辉煌，他的成功是百转千回之后的必然结果。不在最深的绝望里，遇不见最美的惊喜。在苦难中成长，在挫折中收获经验，在拼搏中进取，在失败中坚强，这就是我们的主人公乔·吉拉德。

人生路漫漫，谁不曾摔倒过？谁不曾深夜痛哭？只是有的人一蹶不振，而有的人又重新爬了起来。有的人会自此沉沦，而有的人会擦干眼泪，站直身板，然后继续前进。是也，"新月何必理旧梦，一朝一夕皆重生"。让我们向乔·吉拉德学习吧，像他一样活在当下，不为曾经的挫折而伤心，不为逝去的时光而遗憾，做一个世界上最相信自己的——销售员，尽情地在当下活一遭。

谁都不是天生的成功者

有人曾说我天生就是一个销售员。对此，我要说的是，他说得并不对。有些销售员可能是天生的，甚至可能大部分销售员都是天生的，但我不是。我全靠自己努力拼搏，才使自己成了一名成功的销售员。如果我能从失败走向成功，任何人都可以。请看以下的故事，你就能很快理解我的意思。

很多人小时候都很穷，但我小时候是特别穷，生活过得和现在的贫困黑人差不多。1928年11月1日，我在底特律市东南区出生了。当时，人们管那个地区叫意大利区，但我认为应该叫西西里区，因为意大利与西西里这两个名字的差别显然是很大的。我为自己是西西里人而自豪，但许多人，包括意大利其他地方的人都歧视我们，还试图证明西西里人从小就加入了黑手党。强烈的自尊心让我小时候甚至几年前还遇到了不少的麻烦。谁要是侮辱我，比如叫我"意大利崽子""拉丁佬"或"外国佬"，我会立刻跟他打架。我知道每个人都会对某些人或事怀有偏见，但是，无论谁对我的祖籍有偏见，我都会生气。如果别人叫我"意大利崽子""拉丁佬"或"外国佬"，我就会把他打得鼻青脸肿。可有不少人被我打得鼻青脸肿呢。

在我刚记事的时候，我家与另一家合住一所房子，我们住楼上。房子的对面是堆煤场。你要是在堆煤场附近住过，就会知道，那日子可不好受。但这也有一个优点。冬天到来时，由于我家家庭收入很低，我们根本没钱买煤取暖。这时，我和哥哥吉姆就会偷偷溜进煤场，我钻过篱笆把煤块扔给哥哥，然后，我们拖着装满煤块的麻袋回家生火取暖。有时，我们全靠从煤场偷煤解决燃料问题，那时，我们并不在乎那不是自家的煤。我小时候的生活就是这样。

我家的煤炉在地下室，但我记住地下室出于另一个原因。父亲喜欢在地下室打我。估计我小时候和大部分小孩一样，没什么特别之处。我搞不懂他为什么只打我，而不打哥哥和两个妹妹。他总是把我拉到地下室，用绳子捆上，然后用打磨剃刀用的大皮带抽我。不管我们4个孩子哪一个叫了一声，或是因为什么小事，他总是要先打我一顿。在地下室他一边打我，还一边大叫"你这个调皮蛋，永远没出息，早晚进牢房"等。我不知道他为什么专和我过不去，在那所房子生活的岁月里，他总是这样对我。

有时我会离家出走，跑到几条街区之外的铁路货场；有时我躲在河边的棚车里；有时还会在货车地板上过夜。但只要我一回家，父亲就会打我，还一边打一边说："你这个调皮蛋，永远没出息，只能进杰克城（我们管位于杰克逊镇的密歇根州立监狱叫杰克城。我们家乡有不少人都进了这所监狱)。"

我要告诉你一件事,如果你父亲是一家之主,他从你小时候起就骂你没用,还老打你,那你就会相信他的话。因为他是你的父亲,你知道的唯一权威,所以你会认为他讲的都是对的。所以我信了他的话,母亲总会来地下室夸我是好孩子,但我感觉,她的话虽然使我好受了一些,由于她不是一家之主,尽管我爱她,我仍然觉得自己是个坏孩子,会一辈子都没出息。这个信念困扰了我很久,我后来大半生的境遇都与此信念有关。

我也努力想弄明白为什么父亲一直特别讨厌而且只打我一个人。从西西里到美国时,他还很年轻,没受过教育,几乎是个文盲,而且还很穷。结婚时,他25岁了,而母亲当时只有15岁。我姥姥不太同意这门婚事,我不太清楚具体细节,反正父亲与姥姥大吵了一次,从此以后,关系一直不好。父亲不让母亲和几个孩子与姥姥接近,尽管姥姥曾经和我们合住过那所房子。那时,母亲经常溜到地下室,通过墙上的小洞与姥姥说话。我也时常偷偷看望姥姥,我们成了好朋友,可能是因为父亲不喜欢我们俩,所以父亲一发现我看望他的"敌人",就会打骂我一顿。

你可能在想,这与如何销售可没有什么关系。但我要告诉你的是,一个人的遭遇会影响头脑对生活的判断。那时,我认为自己是坏孩子,一辈子都没出息。我真的很相信这句话,我还打算证明父亲说得对。毕竟你要尊重父亲,要听他的话。但这种打骂,使得另一种想法在我大脑中滋生,我非常恨他,非常想证明他的说法不对。我认为我一旦证明他说错了,他就会很爱我,像爱我的哥哥和妹妹一样。这两种想法在我大脑中,有时此消彼长,有时势均力敌。

当时,由于我们是西西里人,美国又处于大萧条时期,且父亲也没什么手艺,所以一直没有什么正式工作。大部分时间里,他都无事可干，只能拿公共事业振兴署的救济。我们几乎一直是靠社会福利（当时人们称为救济）糊口的。我记得那时唯一的快乐，是圣诞节前后，当地慈善组织会寄一盒玩具到我家。玩具都是捐来的，所以多半是旧的，经过了修理的。即使如此，对我们家的孩子来说，也是一个巨大的惊喜了。偶尔，我也可以领到福利券，到市里换取一双新鞋，对我来说，这已经是天大的快乐了。

　　8岁左右，我就开始工作了。离我家几个街区外，有一大片工厂区。美国橡胶公司的一家轮胎厂建在河边，另外还有炉具厂、家具厂什么的。工厂附近的东杰斐逊大道上，全是一座挨一座的工人酒吧。我钉了一个小木箱，又买了鞋刷和鞋油，我忘了钱是怎么来的，然后在各个酒吧里擦皮鞋。如果你认为你自己挣钱很辛苦，那我告诉你：我擦皮鞋的辛苦绝对不亚于你。我要蹲在肮脏的地板上干活，擦一双鞋只挣很少一点钱。下午放学后，我就去擦皮鞋，这时，工厂也恰好下班了。那条大道有大约1英里长，我会把每个酒吧都走一遍，然后回走一遍。擦一双鞋只挣5美分，还不一定都能拿到手。有时顾客会多给1～2美分，但有时也会只给2美分。后来，我慢慢练出了一点儿小把戏，比如向空中扔刷子，然后换一只手接住。顾客注意到我，我就能拿小费了。在20世纪30年代，1美分能买好多糖果，5美分能买一个大号冰激凌或0.9升牛奶。

　　我沿大街走第二或第三遍时，会看到酒吧里那些熟面孔已经有三四杯酒下肚了。酒精在几小时内就使人变了样，有时会使人变得和气大方，但也经常使人变得更小气。毕竟，这些人干了一天的活，非常辛苦，也许还担心自己会失业，所以都很节俭。那时，工作很不好找，因此失业的人很多。这些人到酒吧是为了放松一下，或倾吐一下烦恼，然后再回到自己贫穷的家中。在酒吧里，擦皮鞋非常累，但我一般都干到晚上10点或11点，这样，我一天可以挣1美元或更多。挣的钱都交给家里，就算是这点钱，有时可能是家里唯一的现金收入。如果有工厂倒闭了，我的钱也会挣得更少。如果某些原因使我挣的钱不够多，父亲又会大吼大叫地打我一顿。因为这样，我非常害怕回家。业绩不好的恐惧在我的脑中扎了根，我常常会晚回家一会儿，以便能多擦几双鞋。

我的童年真是糟透了，但我从不想忘掉它。因此，我的办公室里，现在还挂着一张我9岁时的大照片，是我跪着擦皮鞋时照下来的。我把它挂在墙上，以使自己不要忘记自己是从哪里来的。我不喜欢我的童年，但又为它自豪。

年轻时的困苦生活

年幼时出去打工，其实是乞求那些大人同意我擦皮鞋，这也许也算一点点儿销售经历。我觉得自己跪在地板上卖力擦鞋也算是一种无声的叫卖。后来，我又开始送报纸，每天早上6点起床到车库，在这里，被分好的《底特律自由新闻报》（DETRIOT FREE PRESS）等待着送往附近的订户家中。我会先把这些报纸摞起来，装进一只大袋里，然后沿着线路分送给各家各户。送完后，我才去上学。放学后，再去擦皮鞋。

其实，报纸搞征订新用户的竞赛时，我才真正地学到一点儿销售技巧。按照当时报社的政策，每发展一名新订户，且能维持一个月以上的，就可以赢一箱百事可乐。这对我来说可是件大事情，每箱12瓶，每瓶容量12盎司，这太有吸引力了。人们平时都谈论刺激和激励，当时这箱汽水对我就是刺激和激励。我跑遍了每条街道，逐户敲门问人家想不想订报纸。我跑得很勤，干得也很起劲儿，由于按门铃的次数过多，手指弄得酸痛无比。竞赛期间，我也许还逃了一两天的学，但我坚持了下来。每当造访一个新用户时，我通常是这样说的："我们正在搞一个竞赛，我希望你只订一周的报纸即可。"报社的规定是订报满一个月才给奖励，但我判断，大部分人一旦决定订报就会订较长的时间。我告诉订户我会在他们早上起床之前就把报纸送来，实际情况也的确如此。如果对方暂时不想订报，我会过几天再上门征订。决不放弃，决不因为被拒绝而心灰意冷、不再来按门铃，哪怕是多次被拒之门外。被人拒绝的滋味确实不好受。但我很快发现，我交谈的人越多，销售量就越大。这很好玩，而且不只是好玩，还可以得到实际的东西。我家车库边很快码放了很多百事可乐。我到附近的居民区把这些可乐卖了，自然又挣了很多钱。因此，我感觉自己更有希望向父亲证明自己有出息了。但事与愿违，即使我这样努力，父子关系依然没能改善。

我一边擦皮鞋一边送报纸，一干就是5年。学业也没有中断，我不太善于学习，但总算学了一些，成绩不算太好，但也还过得去。我与父亲的关系一直没有好转，他有好几十次把我扔出门外，不让我回家，我就睡在火车站的棚车里，或到城郊结合处找个廉价的小旅馆过夜。那是城市最差的地区，到处是廉价旅馆、寄宿旅馆、暗娼和放黄色电影的小影院，花10美分或25美分就有床过夜了。住单间是不可能的，我只能在大房间里买个床位，旁边住的是轮流来睡觉的醉鬼。通常，过上一阵子，父亲就会把我找回家，并告诫我要好好听话。我猜是母亲逼他来找我的。我回家后会上几天学，然后就逃学与二流子混在一起，直到又被父亲扔出门外。

16岁的一天晚上，我与两个朋友在街头闲聊。他们说要去撬梅尔德伦（Meldrun）街和拉法叶（Lafayette）街交界处的酒吧。他们已踩过点了，发现里头有不少酒，可能还会有点儿现金。我被他们说动了心，决定跟他们一起去盗窃。擦皮鞋时，我常去那个酒吧，因此我很熟悉。之前，我从没干过偷东西的勾当，也许因为我熟悉那个地方，也许因为别的什么原因，反正我决定了跟他们一起去。不管怎么说，我还不是个小偷，至少到那时为止还不是。我不知道是什么把我推上了贼船，反正我上了贼船。

他们去踩点之前，已有人去厕所把窗户打开了。所以窗户是开着的，可以直接从窗户溜进去。当时是可以这么入室盗窃的。现在不行了，窗户上会有铁条、警报器，还会有监控显示窗户是否被锁好。但在当时，没这些防护措施，即使在一个治安状况糟糕至极的穷人社区也没有。

晚上10点左右，我们溜进了惠蒂埃酒店（Whittier Hotel）的车库，偷了一辆汽车。这家酒店在河岸边，以前是一座高级公寓式酒店。我记得偷的是一辆斯蒂倍克（Studebaker）牌的汽车。值班员还朝我们喊了一声"嗨，快把车停下"。但我们加大油门冲出了车库，到了附近的一条小街，才把车停好。

底特律的酒吧通常在凌晨2点关门，我们得等员工打扫完卫生离开后才能行动。所以那天直到凌晨3点半才动手，先把车开到酒吧背面的小巷子里。街上一个人都没有，整个地区没有一点动静。我并不太害怕，到了现场就更加不害怕了。

一个家伙从窗户钻进去打开了门，然后，我们成箱地往汽车里搬酒，直到塞得满满一车为止。那时大约是1944年5月左右，还在二战时期，酒是限制供应的。密歇根州当时还实行了一阵子配给制。我们除了搬酒，还撬开了收银机，拿了175美元后就开车溜了。我们藏好酒，又分了钱。我分了将近60美元。我们还把酒卖给了流浪汉，赚的钱又平分了。对我来说，这一大笔钱来得很容易，而且整个行动如此顺利，我根本不再想它了。

奇怪的是，当我回想此事时，感觉特别费解，不知道自己为何没有继续偷下去。那天偷酒时一点都不害怕，钱也分了不少，而且，看情况还能找到容易偷的目标。但我没有继续去偷，我想，大约是因为父亲老催我找份工作吧。后来，我真的去工厂找到了份工作。也许因为怕父亲，如果我不找工作的话，怕他会收拾我。

警察来抓我时，我已经忘记盗窃之事了，或至少努力想把它忘掉。那天我躺在床上休息，听到外面突然一阵骚动，随后，便听见母亲哭了。我不知道发生了什么事，没想到却是偷酒那件事败露，警察来逮捕我了。那件事已过去3个月了，我与那些家伙也没再联络过，而且从没有人谈起那件事，所以我自以为不了了之了。

突然，一个男人冲进了我的房间，他推着我叫我起来。我睁开眼睛，他一边向我出示警察证件，一边让我"穿上衣服"。随后，我被带到了警察局。好几个警察审问和酒吧失窃案的关联，还问其他一些酒吧和杂货店失窃是不是我干的。我真不知道那一串案子。

有一个家伙被抓住后全都招了，他坦白了自己犯下的一大串案子，包括那次偷酒的事。于是我的名字就被警方知道了，随后，我被关进了青少年拘留所。那个地方是我待过的最恐怖的地方，一大屋子全是行军床和犯了事儿的小孩。有个大个子拿着皮带进来了，让一个小孩撅起屁股，然后一通猛抽。这比我在廉价旅馆和醉鬼度过的那个晚上还恐怖。我记得他们半夜打开灯，把一个刚死的醉鬼拖了出去。虽然我曾在许多可怕的地方度过了很多夜晚，但在警察局的一夜是我一生中度过的最可怕的一夜。

第二天一早，警察叫我出来见那个酒吧的主人。他问我为什么偷他的东西，我说不知道，但保证会向他退赔。他说OK，就没再指控我。

于是我就被放出来了。能让我出来，我干什么都行。

我父亲和叔叔来接我出拘留所。我们一出门，父亲就开始打我，在汽车中打，回到家还继续打。他大声咆哮，说我辱没了家里的名声。这一次，我真的以为是倒霉透顶了。我已向父亲证明他对我的评价是正确的：我一无是处，是一个蹩脚的小偷，而且我被逮捕过了。

在青少年拘留所里过了一夜后，我真的被吓破了胆。无论发生什么情况，我再也不愿意进班房了，我不愿意像街上的许多小混混一样被关进牢房。

于是，我在附近的炉具厂找了一份工作，那里有许多西西里人。我负责把绝热材料装入炉板，这是一个很讨厌的工作，因为绝热材料会钻进你的鼻子里，粘在皮肤、衣服上，而且工作很累，劳动强度很大。有一天，我抽烟——这是我第二次违反纪律——被工头抓住了，于是工厂把我扫地出门了，他们把我像垃圾一样扫了出去。我被开除时常有这种感觉。

我干过约40种不同的工作，但已经不能一一数出来了。我为一名印刷商开过卡车，后来因为送货时间过长被解雇了。我在克莱斯勒汽车公司干过活，负责为汽车安装车内的扶手，这份工作还算不赖。我在哈德森（Hudson）汽车厂的组装线上工作过，那是最差劲的工作之一，因为一个人要负责好几台机器，劳动节奏全被机器控制了。我还在一家电镀厂干过活儿，厂里到处是大桶炽热的酸溶液和熔化的金属，还有会钻到你肺里的浓烟，我因此得上了哮喘病。

我还在史特拉酒店（Statler Hotel）当过餐厅杂工。有一阵儿还在布克-卡迪拉克（Book-Cadillac）酒店当过行李员，这家酒店后来变成希尔顿酒店。在那里，我穿着制服，工作就是为顾客当听差。有一次我没把一叠电报分送到客房，我把它们扔掉了。后来被发现，我自然不愿承认,但我没有想到的是,电报上有时间戳。于是,我又被他们炒了。有时我在想,如果我当时懂得多一些,也许能干得挺好,说不定还会升为希尔顿酒店的副总经理呢。但我在当时,几乎什么都不懂。

对于上学,我常常是三天打鱼两天晒网。有一次,在上学的途中,我跟东区高中(Eastern High School)学习室辅导员打了一架,学校便把我赶了出来。这家伙老是找我麻烦,没什么理由,顶多因为我是小孩子调皮罢了。可是他忽然出言不逊了,说什么"你们这些人"如何如何,还说"你们这些人最好抓紧学习"之类的话。我告诉他我的名字不是"你们这些人",你知道,"你们这些人"这种说法是很不友好的。接着他又指责意大利人,我的火就上来了,一怒之下我打了他,于是学校就把我开除了。

在我的记忆中,丢工作的主要原因是打架,可是都是对方先说脏话的,比如"意大利佬""拉丁佬"或"意大利崽"等。也许,我那时是在自找麻烦,也许我就想不断地丢工作,以证明父亲说得对,我就是没出息。但我心中充满愤怒,而周围又有那么多不知好歹的家伙老招惹我。

可能青少年拘留所过的那一夜救了我,使我不再沉沦。那种感受让我永生难忘。也许我的确没出息,但我不是那种特别坏的孩子,不该遭那么大的罪。

几经沉浮,我又换了几次工作。后来在1947年初,我加入了陆军,但在新兵训练时,我从卡车上摔下来,后背被摔伤了,于是退伍了。但退伍证办得很不容易。我挺不喜欢当兵。待在军营里和待在牢房里差不多。他们本来不想让我退伍,而是让我在军营值勤。后来,一个我不认识的军士说,如果我把退伍费给他,他可以帮我搞退伍证。我开始还认为这是一个圈套,认为他们想以贿赂军官的罪名抓我。他老来找我,但我一直没理他。后来我的退伍证批了下来，他又来找我讨钱。我便把钱付给他，然后就算荣誉退伍了。我不知他是否暗中帮助了我，但我很高兴能离开陆军，于是我就把那点儿退伍费给了他。我到家时，母亲很高兴，但父亲非常生气，他又开始骂我没用，说连陆军部队都不要我。我说："你才没用呢，而且永远好不了。"他说他应该在我一出生时就掐死我。有生之年，我永远忘不了这一天。我眼里含着泪水走出了家门，身后传来父亲的咆哮叫骂声和母亲哭天喊地的哀号声。有时我会打打工，有时就闲着，耳边时常会回响起父亲的尖叫和怒骂，所以我一直过得心惊胆战的。

1948年，因为犯傻，我又惹了法律上的麻烦。我和一个人合伙，在附近开了一家小店，专为人清洗帽子、擦皮鞋。后边小屋，我们设了赌局，有21点和掷骰子。我们自以为有提防警察的好办法，设了一个人在前面柜台放哨，如果有像警察的人走近，就通过墙上的小眼发一个信号——塞一个钉子过去，这时后面的人，要么把骰子放进嘴里，要么逃跑，这样就没有证据了。这一天，我正在前面放哨，初中时的一个哥们儿走了进来。我们聊起了往事，他说他在做建筑生意，随后表示想到后边去玩玩，我就让他进去了。当我的合伙人看到他时，立即认出对方是警察，于是拿着骰子跑掉了。

容易钱不容易挣

我从没有想到，邻居中居然出了一个警察。在西西里，即使暗示某人是警察，对他都是一种侮辱。真的，西西里有一句骂人的话就是："你应该当警察。"但我这位初中的哥们儿确实是警察。虽然我的合伙人带着赌博的证据逃掉了，我们摆出一副只是在打纸牌的样子，但警察局仍给每个人都开了罚单，罪名是闲散赌博。我们这种店铺有一条必须遵守的规定：如果顾客因闲散赌博而被抓住，那么店主就要支付罚款。于是我们的小店不仅关门大吉，还要支付一笔罚款。而我当赌博店店主的日子就一去不返了。不过也算幸运，因为在警察抓住我们之前，我们也挣了不少容易钱。有一阵子，我真的相信世上容易钱好挣，尽管这一辈子中，我的大部分钱都是靠辛苦挣来的。

小店关门后，我又开始像从前一样，不断找工作、打架、被开除、与混混们闲荡、打台球等。有时我还想，如果那时大家对我有礼貌，我会把一份工作长期干下去，努力工作，慢慢晋升。但也许正是由于我相信自己没用，所以大家并不尊重我，而我恶劣的表现，也证明了我的确一无是处。我真的认为只要自己表现差，父亲证实了自己的看法是对的之后，他可能就会爱我了。我知道这种想法很疯狂。但人就是这样，很多时候会有不可思议的行为。你看，有的男人为逼某位姑娘爱他，会殴打她甚至杀死她。这种行为让人难以理解，但当世界对他不公平时，他就会愤怒，然后产生这种疯狂的行为。

后来，有一个人给了我一个机会，我的生活有了一些改变。他的名字叫阿贝·萨珀斯坦。他是一个小老板，专搞住宅建筑，在各个地段买一些空地，然后雇人建一些廉价住房。一次盖一座，一年也就盖六七座房子。他不搞大型豪华的房产项目，只是小本经营而已。他雇我当工人，我只能干粗活儿。我为他开卡车、拌水泥、拉建材、砌墙，几乎什么粗活儿都干。当时，他要盖一座房子的成本大约是9000美元，然后会以大约12000美元的价格卖掉。卖房子不用什么销售员，老板自己就可以搞定了，所以也不必付佣金给销售员。这种生意，其实是从银行拿钱——如抵押贷款——建房。人们需要经济适用的住房，只要买得起的人就会买。

通过这个小项目,我知道了生意的各个环节是怎样操作的,也知道了老板会请哪一种人才来干我们干不了的活儿。我刚结婚不久便开始为阿贝老板工作。很快,我便有了第一个儿子,接着我又有了一个女儿。我有家有室了,需要一份稳定的工作来养家。老板对我也不错,让我学了不少做生意的门道,所以我便坚持了下去。这是我第一次干一份超过1年的工作,收入虽然不算很多,但足以维持我们一家四口——我、妻子、儿子乔和女儿格蕾丝的生计。

老板决定退休时,把这个生意转让给了我。资产不太多,只有一辆旧卡车、一些工具及一台小型的水泥搅拌机。好在我已经学会了如何用这些资产加经验把生意做下去。底特律的经济常波动,而且幅度高于其他地区。但我在好年景里可以盖足够的房子,一次盖一座,分布在城市各处,这样我就能保持运转,而且挣的钱比一般工作更多一点。

有一阵子,我的生意相当不错,但也只是小本经营。比如拿两块空地,同时挖两个基坑,采购足够的建材,两处同时雇人建房就能省钱。两处房子同时建,意味着生意规模比原来的要大。把生意做大的好处很明显,这点一般的人也能看出来。于是,我决定扩大规模。

萨珀斯坦是个好人,他对我像对待自己的儿子一样,而我也很爱他。他教了我很多东西。而此时,我也从卡车司机变成了监工,后来又成了老板。但我没学会识人,不知道该信任谁,不该信任谁。由于我的生意规模小,信任不是太重要的问题,没有人长期格外地信任我们。

所以当我独立做生意时,不知道只能相信白纸黑字,不能相信口头承诺。我准备找一块较大的空地,以便能一次盖一批房子。这样一来,分包及材料的费用就能减少很多。最后,我找到一块空地,位于底特律东北郊。一共可以盖50座房子,每次至少可以盖4座。这样,建房成本会大大降低。

我能付得起这块地的价格，因为它是荒地，没有污水管道。底特律一带的人，都不愿买带有化粪池的房子。开始，我对这块地不感兴趣，后来有位销售员说："别担心污水管道，我在市政厅听说，到春天就要规划铺设污水管道了。别对人说是我透的风，因为市政厅的官员不希望出现过多的土地投机现象。"

太棒了！这正是我想听到的消息，于是我以很高的银行利率签下了土地合约，买下了这块地。利率高没关系，因为只要我建起了示范间并开始卖期房，马上就会有大批购房款涌入。这笔买卖看来很有把握。

我盖起了第一座房子，沿路做了看房标志，并打了广告，然后我开始等待。为把运营成本降下来，我亲自上阵销售。每个周末，我都去现场等人上门看房。人们只在周末有时间买房子。来看房的人很多，他们对房子很满意，又因售价也合适，买主的兴趣十分浓厚。

但大家都问我："有污水管道吗？"我告诉他们过几个月就会有，他们都说等有了管道再来看房。我只好傻傻地等。但我还欠着购地钱和建材钱。建筑行业有许多短期信贷，一销售就要开始还贷。但我的销售一直没有开始，短期信贷渐渐地变成了长期信贷，债主都来催我还钱。我一共欠了6万美元。

最后，我才发现自己应该先把污水管道的事情搞清楚。于是我去市政厅询问，但每个人都奇怪地望着我说："什么污水管道？"我很快得知，政府根本没有建污水管道的计划。我觉得自己真是太傻了，那个地产销售员的话，没有查证就信了。但我毕竟信了他，这使我10年的积蓄——不惹麻烦、拼命工作的成果——化为乌有了。

后来，事情发展到相当极端的地步：银行想扣押我的汽车，因此，我晚上回家时要把汽车停在几个街区之外，然后穿过小巷爬后墙溜回家中。

没有时间为自己遗憾

一天晚上，我回家时，妻子琼向我要买菜的钱，可我身无分文。她问道："孩子们吃什么呀？"一句话直中我的要害。我是一个住宅建筑商，但却被人骗得血本无归。债主们成天追着我要钱，银行要扣押我的房子和汽车。这就够糟了，现在连吃饭都成了问题。我一夜无眠，一直在想自己该怎么办。有一阵儿，以前的感觉如潮水般涌来。我真是没用，如我父亲所说。无论我为生活的好转付出了多大的努力，总会一下子回到当初。但我不会忘记妻子的那句话，我没有时间为自己遗憾，除了欠分包商和供应商——他们真诚地帮助了我——的钱外，还对妻子儿女负有责任。我当时并没有为债务、破产、房子、汽车等担心，我很快就只想一件事了：凑出明天全家的饭钱。是的，我得想法避免全家再饿一天。我小时候常常饿肚子，全家人每天只能吃点意大利式细面条，而且常常是素面。我是天下头号失败者，但我不想由于自己的过失而让家人受苦。过去，我一直是很能养家的人，童年时，我常常是家中唯一能挣钱的人。去工厂做工一周能挣90美元，父亲逼我把钱交给他，只留几美元给我零花。结婚后，我一直能让妻子儿女吃上饱饭——不一定丰盛，但能吃饱——直至眼下这件事发生为止。

我没花多少时间去想自己轻信那个销售员有多笨，如果我当时好好想想，可能会发现：轻信他人等于毁灭自己来证明父亲的看法是正确的，证明自己确实没用，尽管当时我已给父亲建了一座小房子让他安度晚年。那天晚上我只想一件事：想个最直接的办法让家人填饱肚子。

我就是这样迈入了销售汽车的行当。这就是我成为世界上最伟大的销售员的开始。

回顾过去是为了学习如何更好地展望未来。

提示：从经验中学习
1. 拓宽视野，检视问题的每一面。
2. 不要理会偏见，不管你以前的偏见有多深，从现在起抛开它。
3. 接受失败，接受苦难，学会从挫折中总结经验。
4. 写出遇上的所有问题，并给每个问题列出解决办法和解决期限。
5. 去执行自己的策略。
6. 所有负面情绪都无益于你的进步。
7. 表现得像你永远不会失败一样，这样你就不会失败了。

二　一切从你想得到什么开始

题注：目标是我们的行动方向

所谓的目标，便是我们期望实现的结果。没有目标，便不会有方向。《爱丽丝漫游仙境》中有这样一段问答。爱丽丝问一只猫："我该走哪条路？"猫说："那要看你想去哪儿。"爱丽丝说："去哪儿都无所谓。"猫说："那么，走哪条路也就无所谓了。"

查士德斐尔爵士曾说过："坚定的目标是最必要的力量源泉之一，也是成功的利器之一。没有它，天才也会在矛盾无定的迷径中，徒劳无功。"

其实，目标就是计划，给自己的人生确定一个你希望达到的愿景，就是人生的目标。而一个人的价值观，决定了一个人的人生目标是满足一己之私的低级物质需求，还是实现更高远的精神追求。说到目标，译者想起了爱尔兰剧作家塞缪尔·贝克特（Samuel Beckett, 1906-1989）1948年创作的两幕剧《等待戈多》，两个像瘪三一样的流浪汉自始至终在等待一个名叫戈多的人。他们穷愁潦倒，希望戈多的出现能使他们得救。然而戈多自始至终也没有出现。

剧情大概是这样的：

第一幕：主人公流浪汉爱斯特拉冈（简称戈戈）和弗拉基米尔（简

称狄狄），出现在一条村路上，四野空荡荡的，只有一棵光秃秃的树。他们自称要等待戈多，可是戈多是谁？他们相约何时见面？连他们自己也不清楚。但他们仍然苦苦地等待着。为了解除等待的烦恼，他俩没话找话，前言不搭后语，胡乱地交谈。他们一会儿谈到忏悔，一会儿谈到应该到死海去度蜜月，一会儿又讲到《福音书》里救世主和贼的故事，还说这样一些话："我觉得孤独"，"我做了一个梦"，"我很快活"——并且没事找事，做出许多无聊的动作：狄狄脱下帽子，往里边看了看，伸手进去摸，然后把帽子抖了抖，吹了吹，重新戴上；戈戈脱掉靴子往里边瞧，又伸手进去摸……可是戈多老是不来，却来了主仆二人，波卓和幸运儿。波卓用一条绳子牵着幸运儿，并挥舞一根鞭子威胁他。幸运儿拿着行李，唯命是从。狄狄和戈戈等啊等啊，终于等来了一个男孩，他是戈多的使者，他告诉两个可怜的流浪汉，戈多今晚不来了，但明天晚上准来。

第二幕的内容仍然是狄狄和戈戈等待戈多，在同一时间，同一地点，场景的变化只是那棵树上长出了四五片叶子。他们继续等待戈多，为了打发烦躁与寂寞，他们继续说些无聊的话，做些荒唐可笑的动作。这时候，波卓和幸运儿又出现了，只是波卓的眼睛瞎了，幸运儿成了哑巴。最后又等来了那个男孩，他告诉狄狄和戈戈，今天戈多不会来了，但他明天准来。时间日复一日地过去了，狄狄和戈戈所得到的答案永远是：今天戈多不会来了，但他明天准来。

狄狄和戈戈的共同悲剧在于：他们都不知道自己所等之人是谁，何时见面，就等着有这么个戈多出现，挥一挥魔杖就改写自己的命运。这多像迷惘的人们，不知道自己要等待什么，只是对现实不满，渴望改变，所以等着那可能永远不会到来的莫名好运，但等来的往往不是自己期待的生活改善，反而是出其不意的灾祸。是的，好运通常只青睐目标明确的人，不要做等待戈多的狄狄和戈戈。也许，我们不知道自己的命运如何，但我们不可以不知道自己的目标。

在攀登顶峰的路上，你也必须严格制订各种愿景目标，再为愿景目标制订各种条件目标，随后再为条件目标设计策略目标，而后努力达成它们。

世界上最传奇的销售员乔·吉拉德将在本章以亲身实例告诉我们，如何设立目标并最终实现它。

有目标是成功的开始

我早就有卖车谋生的想法。真的，因为我有一个朋友是汽车销售员。当我的建筑生意开始走下坡路时，我找过他几次，希望他帮我找个销售员工作。但他没太当真，总是拒绝我，说我一点儿都不懂销售。

从某种程度上来讲，他说得也对。我销售住宅的经验算不上什么，因为我盖的几座房子价格很低，根本不用销售技巧就能卖出去，所以我只需坐在示范间里完成交易，安排合同签署就行了。我给客人擦皮鞋、开货车后向街上行人兜售商品时获得的销售经验，可能都比我从卖房子中学到的多。如果你想多挣点钱，或想能做成生意，就要让酒吧里的醉鬼、街上的家庭主妇注意你、喜欢你，这方面我蛮有感觉的。我知道怎么博得顾客的好感，或怎么多拿小费，抑或是让家庭主妇买下一打玉米棒而不是只买6根。

但我此时此刻，只想马上找一份工作。这位汽车销售员的朋友再次拒绝了我。于是我另找了一个汽车销售员朋友，他是雪佛兰汽车经销店的销售经理。我从他那儿得知，那位朋友之所以拒绝我，是因为汽车销售员总觉得顾客有限而销售员太多。每增加一个销售员就会夺走一部分销售额。

我小时候还有一个毛病，就是口吃。从8岁起，我说话一直结结巴巴，可能是被父亲打的。这么多年以来，这一毛病使我遭遇了很多痛苦的尴尬。但我过去找的工作，并不要求口齿流利。我和许多人——包括医生——讨论过，他们的建议几乎一模一样，都是让我尽量把讲话速度放慢一点。我努力试过，口吃的毛病也不大严重了。但我一直没有想过必须改掉口吃毛病，因为没有太大的压力——直至我开始销售汽车。

现在，是时候动真格了，我必须克服它，否则我一家人都会没饭吃。我让自己把精力集中在要说什么上，然后慢慢地、仔细地说出来。我很快就学会了如何克服口吃。我35岁时才真正开始改掉口吃的毛病。

克服口吃毛病，是我开始做销售时最重要的变化之一。因为它让我注意到自己想说什么、应该说什么以及别人想听什么。当然，每个搞销售的人都该这么做。我更是必须这么做，只有这么做，我才能改掉口吃的毛病。这样，我不仅治好了口吃，还学到了交流的基本知识。我学会了倾听别人，学会了仔细计划自己的思路，我很快就不结巴了，而且语言表达得也比较恰当了。

我买过汽车，所以知道销售汽车的过程。几名销售员排好队，顾客走进来时，就按顺序上前招徕生意。但我是孤注一掷的，于是我对销售经理说："我不在大厅里和其他销售员抢生意，行不行？"他有点吃惊地看着我，因为这不太合乎情理。"我不在大厅里排队，而是用其他方式获得顾客，你看如何？"他说OK。于是他同意雇我了。但这也不意味着什么，因为他手下的销售员没有任何"能抓住顾客的东西"。事实上,他们在销售过程中很少进行试驾。

终于,我实现自己的愿望,成了一名汽车销售员,但我不知道到哪里去找顾客。我知道大家可以查顾客名录,但我不知道什么才是顾客名录,也不知道怎样才能搞到这份名录。我熟悉的名单只有电话簿。于是,我想从电话簿中撕下几页。嗨,还真是个"名录",每个人都有一个电话号码。结果我撕了两页记录居民电话的白页。我又想到生意人爱用卡车,大部分人白天都要上班,于是我又撕了两页记录公司电话的黄页。

这就是我的第一份潜在顾客名单——从底特律市电话簿上撕下的4页纸。它没太大价值,但总比没有要好。如果我说我随意打个电话就拉来了一个潜在顾客,而且他当天就买了我一辆车,那肯定是一个美妙的故事。如果我认为你会相信如此离奇的故事,我可能就会这么给你编。

需求是最大的动力

我那天还真卖掉了第一辆车,但顾客不是靠打电话拉来的。在我快下班时,这位顾客才到了店里。此时,其他销售员,有的在和顾客交谈,有的已经下班回家了。

那人进来后,没有人上去招呼他。我左右看了一下,我记得自己说过不抢其他销售员的生意,我真的说到做到了。但此时已没有闲着的销售员,就不算抢生意了。这时,我已迫不及待了,谁要拦着我,我非和他打架不可。

很多人把自己第一次挣到的一美元钱用镜框镶起来挂在店里,他们记得自己第一次成交的全部细节。你也许以为我也记得，或以为如果我不记得了，会编个故事，这样可以更生动，对本书大有好处。但我不想瞎编故事，所以我坦白地告诉你：我已不记得第一个顾客的名字和他买的汽车了。

关于我的第一次成交，我只记得两件事。第一，他是可口可乐销售员。我之所以记得，大约是因为那和食品有关，而我那天光想着食品的事了。第二，我一看到他就觉得他肯定会买我一辆车。今天，我已经记不清他的面孔了，原因很简单：无论我什么时候看见他，我之所见全是我想从他那儿得到的——那时，我满脑子想的只有一袋可以供养家人的食品。

我忘了我都对他说了些什么推销词。当时的我对汽车、销售或其他事情都不大懂，所以我没和他聊汽车。我没上过培训课，不知道在对方有不同意见时该如何回答。但我肯定，无论他怎么犹豫，我会想法让他打消心中的疑虑。如果他推说不知妻子的意见，我就会让他立刻打电话，或马上开车送他回家问他妻子。我只知道他是我唯一的希望，我必须依靠他，才能使生活苦尽甘来，履行我对家人的义务。他就是一袋食物，只要我把车成功销售给他，我的家人就不用挨饿了。

需要，我的需要，这就是我唯一的念头。这一需要足以使我极尽口舌之能，以便卖出一辆车。我不是说我那时或现在只想着自己的需要，但这是我主要的念头。如果你有需要，并知道自己需要什么，你就有了成为一名伟大销售员的主要基础。我就是这个意思。没有需要，不知道你自己想要什么，就成不了一个优秀的销售员。只有销售员强烈地需要什么，才能做好销售。需要得越多，就会越努力驱使自己做好销售。

我之所以成为世界上最伟大的销售员，可能就因为我最急需让饿着肚子的家人吃上饭，除此之外别无他求。当然，这不是说你必须有一个生活困顿的家庭、某个人要做手术挽救生命急需一大笔钱或类似的遭遇才能销售汽车或其他商品，但你必须有需求。你要知道自己想得到什么，而且你的一举一动都要以满足你的需求为中心。

我把那个可口可乐销售员看成了一袋可带回家的食物，我一定要把这袋食物带回家，无论他是否知道我的想法。我从来没有如此想得到这一袋食物，当然，我也想过得到其他东西。我深知自己想要得到什么，所以每打一个电话，每说一个字，我都努力与满足我的愿望联系起来。

首先，你要知道自己想得到什么。其次，你要知道，如果你成功完成了对下一个潜在顾客的销售，你就能得到你想要的东西。

你可能觉得这个道理太简单了。你的感觉是对的，这个道理是过于简单了，简单得你以为你懂，你不需要再去深入地理解它。无论如何，它使我在那一天真正地成为销售员。那天，我对销售汽车确实懂得不多，只知道我想要得到什么以及一个事实：如果我向他销售成功，我就有钱买食品了。我成功了！我向销售经理借了10美元，买了一袋食品回家。别告诉我说这个道理没有效果。

知道自己的需求会使你充满干劲。

提示：设定目标的8个重要问题

1. 我的目标清楚吗？

2. 它是一个微不足道的小目标还是一个重大人生目标，究竟有多重要？

3. 它是短期目标还是长期目标？抑或两者皆是？

4. 它是一个真实具体的目标，还是不切实际的幻想？

5. 它在不在能力范围之内？我是否准备不顾一切地去追求它？

6. 我能否自己监控进度，确定自己一直朝着目标前进？

7. 制订的目标是否有足够的弹性，以使我们在需求改变时可以进行相应的调整？

8. 我必须在时间、体力或金钱上牺牲什么？

三　所有人都是你的顾客

题注：有正思维才有正能量

在乔·吉拉德看来，自我销售成功与否取决于销售员对他人的态度。译者深以为然，没有人会喜欢态度不好的人。有诸内必形于外，如果内心怒气冲天，就不可能有好的脸色。撒切尔夫人说过一句很有名的话："留意你的思想（thoughts），它会成为你的言语（words）；留意你的言语，它会成为你的行动（actions）；留意你的行动，它会成为你的习惯（habits）；留意你的习惯，它会成为你的性格（character）；留意你的性格，因为它会决定你的命运（destiny）。"可见内心想法的重要性。

我们的情绪和感受，是我们全部行为产生的根源。虽然我们不能说负面的想法必然导致负面的结果，但从实践来看，至少一个人负面的想法多了，就容易导致负面的结果。有一些人好逸恶劳，不把自己来到人间看作是一种机遇和缘分，不会感激父母把自己养大成人的艰辛，不会感激大家和社会为自己创造的生存和发展的环境条件，不认为自己应当积极发挥自己的聪明才智去成就别人、成就自己。他们愚蠢地认为：既然父母把我带到这个社会上来了，就要给我充分的物质享受和精神满足；既然社会上有那么多的人和财富，我也应该"公平"地分享；甚至认为全世界都应当以自己为中心,否则就枉为人生。所以,当这些想法得不到满足时,就会产生厌世心理,这种懒惰自私型的厌世,就是典型的负面想法。还有一些人是因为缺乏自信心,做任何事情都缺乏信心,什么事都往坏处想。只要你细心地观察,就不难发现,总有那么一些人,不管干啥,不是担心做不好,就是怨气连天,甚至有人把别人的进步当成对自己的妨碍。带着这种妒忌和仇视心理,又怎么可能有好情绪呢?没有好情绪,又怎么可能有好态度。

我们的想法决定了我们的态度。心中有大爱,才会有和气;有和气,才会有悦色;有悦色,才会有婉容。所以说,如果要我们对顾客有一个友好的态度,我们必须先喜欢自己的顾客。

但顾客们往往来自三教九流,要我们立马喜欢各种各样的顾客,几乎是不可能实现的。如此,我们可以把这一正确态度的建立分三个步骤:一、站在顾客角度看待问题;二、改变自己认知世界的方式;三、承认并接受每一种人性缺点。

所谓站在顾客的角度看待问题,其实是让我们学会换位思考。如果我们不能理解一个顾客,如何能走进他的内心,又如何打动他并与他成交?

正如乔·吉拉德所言,每个人真正的商品是自己。

你想销售什么的时候,请先试着把自己变成消费者。

假如你想买一辆新车,你选好了品牌,也权衡好了心理价格,假如此时有两个销售员,其中一个销售员只负责把汽车、配件和基本使用常识告诉你,完全把自己置身于买卖之外。而另一个,除了全心全意做好产品的销售和服务之外,还十分亲切、阳光、细心、周到,你会更愿意和哪个销售员成交?答案不言自明。

想要有更成功的自我销售,你必须改变自己的心态。心态和世间万物一样，都有两个极端，坚持的和放弃的，积极的和消极的，建设性的和破坏性的，宽广的和狭隘的，充满希望的和十分绝望的……

仔细想想，其实我们每个人都是戴着有色眼镜来看世界的。人们不仅根据自己衡量别人，也根据自己来衡量其他一切。普罗泰戈拉在《论真理》中说了这样一句至理名言："人是万物的尺度，存在时万物存在，不存在时万物不存在。"当然，这儿的人是指人的感觉。事物是什么，要以人的感觉为标准去判断。同样地，一个顾客在你心中是好是坏，也以你的感觉为标准，你觉得他们是浪费时间的闲人，他们就是浪费时间的闲人，且顾客会敏感地从表情捕捉到你的心态，无论多么会演戏的人，都无法演出诚意，因为情绪决定了你的表情是否真诚。就一般意义上来说，情绪是对客观事物的态度体验，其中融合了对相应生理反应的感受。对事物态度与对生理反应的感受相结合，形成带有愉快或不愉快倾向的主观体验，你无法完全掩饰你的感受。每一种情绪都带着能量与对方的能量交汇，正常人都有喜、怒、哀、乐等情绪，人在负面情绪的控制下，理智稍居下风，各种下意识的、有时甚至是莫明其妙的动作及反应有可能发生。情绪过去，人才能恢复正常。你不可能通过表演来隐藏内心的负面想法。

所以，一种健全的心态比一百种智慧更有力量。因为我们不能主宰生命的长度，所以我们只能扩展它的宽度；因为我们无法改变天气，所以我们只能想法左右自己的心情；而我们看待生活的方式，就是我们看待别人的方式，也是我们看待自己的方式。由此可见，宽广的胸怀是培养正确心态的必然条件。既然一切都只是感觉问题，那么只要我们改变自己认知世界、理解世界的方式，改变自己对顾客的态度，就不难了。

有了负面想法，就会捅娄子

我不知道你们那儿、你所在的行业里销售员对顾客的心态怎样，但我们底特律的汽车零售业管那些随便逛逛的顾客叫"闲人"（mooch）。这是一种非常不友好的表达，把一个进来给你送钱的人当成"闲人"，是挺可怕的。这就是说，你对想买你东西的人持负面态度。

我想说明的是，我们用这个词不是没有一点理由的，销售员对潜在顾客产生敌对情绪，甚至敌视顾客都是有原因的，我和你都能理解这些原因。但我会努力让自己不把顾客想成"闲人"，因为脑中有了负面想法就会捅娄子。

我们看看自己对顾客的感觉，再看看顾客真正是什么样的人。首先他们是人，他们和我们一样，是有感情有需要的人，尽管我们常常把他们想成异类。在我上班的地方，大部分买车的顾客都是工人，为了挣钱，他们工作很努力——非常努力。对大部分顾客来说，无论他们在我们这里花了多少钱，都无法再用这笔钱来买其他东西了。我知道这一道理你觉得很老套，但我敢肯定你和我一样，常常忘记这个道理。

因为我们是职业销售员，时间是有价值的。我们看到很多没什么正经事的人，只想占用我们的时间，这就是问题所在。出于这个理由，我们才把这些顾客叫"闲人"的。

要记住，一名顾客走进店里时，是有点害怕的（顺便说一下，我用"他"只是为了方便。我的顾客有30%是女性，所以我的真实意思是"他"或"她")。他可能是为了买东西。我说"可能",因为世界上有大量随便逛逛的人。但总的说来,无论他们意识到没有,他们对你卖的东西感兴趣。即使只是随便逛逛,但只要兴趣足够,他们就会变成买主。但他们有些害怕,他们怕花30美元买双皮鞋,怕花100美元买套西服,怕花5000美元买辆汽车。那是他们的钱,是他们好不容易才挣来的。因此他们害怕。他们也怕你,因为他们知道,或认为自己知道:销售员要占他们的便宜。

对大多数销售员来说,这样讲也许并不准确。但顾客一进门,开始大都有点恐慌。他们只是看看,只想随便逛逛。他们想不等你走近就跑出去开车走掉。

但他们之所以进来,是因为需要你卖的东西。所以他们会不断地出现。但他们仍然感到害怕,因为他们听说过我们是什么样的人。说实话销售员在实际生活中的名声并不太好,因为顾客花钱,销售员才能挣钱,人人都说销售员会想方设法掏走你口袋里的每分钱。人人都知道同样的商品而另外某个销售员会卖得更便宜,或以批发价卖给你。这是卖车这一行中的最大问题之一,对其他行业的销售来讲,情况也是如此。顾客总是认为自己可能会花冤枉钱,这让他们很害怕。

于是,他们带着这些想法推门进来了,心中充满不信任和恐惧,并准备好为保护自己免遭你的哄骗而做出反应。你甚至会遇上这种顾客,他们会给你5美元或10美元定金,只要你放他们走就行——而且他们绝不会回来取这5美元或10美元。你这下可以理解顾客对自己进门后的情况有何预感了吧。

很多人出于这个原因——我有时也一样——称顾客为"闲人"。我们会把顾客想成是某种奇怪的动物,说谎话支支吾吾,浪费我们宝贵的时间——时间确实是宝贵的,我们不应忘记这一基本事实。

销售是双赢的战争

　　这就是说，我们每天的工作都是某种战争。我就是这个意思。销售工作的确是某种战争，因为潜在顾客经常是以敌人的面目出现的。他们认为我们会欺骗他们，而我们认为他们进来是要浪费我们的时间。但是如果你不另想办法，你就会遇上麻烦。因为顾客会一直感到敌对，而我们也会如此。双方都会说谎和骗人。他们可能会买你的东西，也可能不会买。但无论如何，如果双方一直彼此怀有敌意，那就不会有什么让人舒服的结局。更重要的是，如果顾客有了猜忌、敌意、不信任，那么你们的成交机会是很小的。

　　那你该怎么办？我不想马上讲销售方法，我想先谈谈双方在销售之战中的基本态度。让我们忘掉那些真正的"闲人"（的确有一些人只逛不买，像做游戏一样）；让我们忘掉那些自称销售员，但却由于处理不了自身情感问题而一心想骗人的人（我们每个人有时都会碰上情感问题，但我们不会带着情感问题上班，有时还会将其转化成有益的销售态度）。我们要谈的是严肃、认真、热诚的职业销售员。

　　现在再谈谈"闲人"。首先，顾客并不是"闲人"。他们是努力挣钱的人，而且是真的想买你的东西的人。对所见到的每一个顾客，你首先要有一个基本看法。如我所说，也如你所知，顾客都怕你，尤其害怕自己会掉入某种陷阱。他们与你处于战争状态，所以无论你是否同意我的观点，你和他们都处于对抗状态。

　　这并不是一种好状态，我只是说，这是一个普通的事实。但你可以改变这个事实，让它对每个人都有利。因为只有知道顾客的想法，你才能打赢这场战争，使它成为一段对双方都有价值的经历。你可以帮顾客克服最初的恐惧，从而做到与他成交。

认为销售如同打仗并无害处，只要你懂得胜利——对方签字交款、成交——是一段对双方都有益的经历即可。这时你已打败了一个敌人，你赢了，你完美地运用了时间并且挣到了钱。

但是如果你的成交是妥善的，那么你的敌人，那个所谓的"闲人"，那个内心充满恐惧感的顾客也已得到了益处。他得到了想买的东西：皮鞋、西服或汽车。他应该会这样想，自己也是胜利者，不但完美地利用了时间，花的钱也很值得。

这肯定是世间最好的一种战争——双方皆赢，无人失败。销售这件事，如果处理得好，就是帮助销售员忘掉自身敌意（无论它来自哪里）的最好方式之一。

我常常在想：每当我面对一位顾客，就像见到了我的父亲一样。过去，我一直想打败他，让他因此尊重我、爱我。在某种程度上，我每成交一次，就是打败顾客一次，何况我是经常成交的。虽然如此，我也让顾客高兴了，因为他已从我这儿买到一辆汽车，满足了一种需求。我不知道心理医生是怎么定义我这种感觉的。每个人都有愤怒和恐惧的情感，如果我们通过做成生意能每天将其忘掉1次、2次或20次，那这种感觉又有何不好呢？

在销售员的职业生涯中，没有什么事比做成好生意更令人满意了。对我来说，一笔好的生意就是顾客买到了想买的东西，物美价廉，于是他会告诉朋友、亲戚和同事都来买我的汽车。这就是我每天与"闲人"交战时所期待的胜利。他们买了汽车离开我时，已不再是"闲人"，他们是已不再怕我的人，因为我们双方都打赢了销售之战。

我与很多人交谈过，他们说销售员总是剥削顾客。你猜我会怎说？我说：怎么是剥削呢？我给他们好产品，他们付给我钱，而且价格公道。如果顾客口袋里没有现钱付全款——大部分人显然就没有——我还会帮他申请买车的贷款。当一个人让我拥有一辆价值5000美元的汽车时，这是他在剥削吗？我不这样认为，而且我相信你也有同感。

所以，请记住：无论顾客进来时是什么人，当他离去时，他绝不是"闲人"。与他成为朋友，他就会帮助你。我每与10名顾客成交，就有6名是回头客或是慕名而来找我的。我业务量的60%是这类顾客带来的。一个不诚实的销售员也许能靠欺骗来完成一笔生意，但如果这位顾客感觉受了骗，就永远不会再来光顾了。而我60%的生意靠的是满意的回头客和他们介绍来的人。所以，不要再认为顾客是"闲人"，他们只不过是看到真实机会就利用的人。

毕竟，工作就是用令人满意的方法赚到一大笔钱。就工作而言，没有什么比取胜和获利更令人满意了。所以你下次遇到顾客时，要好好检查自己的情绪，努力理清你对他的感觉。你不高兴是因为他打断了你讲的笑话？还是让你想起一个令你讨厌的人？还是因为他抽烟斗？有些人说抽烟斗的人遇事下不了决心，你可别信这种鬼话。也许抽烟斗的人藏而不露，你的工作就是打消他躲避你的念头。你首先要做到这一点。因为如果他害怕，他就会从你身边逃走，你就无法销售了。你无法向"闲人"销售，因为他能看出你对他的看法。你不能向一个真正的"闲人"销售物品——你只能跟顾客成交。所以每一名进你店的人，无论是不是"闲人"，都要把他看作一名顾客。你要打一仗——与你的顾客以及自己的情绪打一仗。别忘了你自己的身份，别忘了顾客的身份。别忘了你们双方为何见面——为了达成对双方有益的交易。

真正的"闲人"是不会买你的东西的——你只能向顾客销售。

提示：12项正能量

1. 认为自己很成功。

2. 认为自己很可爱。

3. 认为自己很有吸引力。

4. 认为自己能帮得上忙。

5. 认为自己很宽厚。

6. 认为自己很友善。

7. 认为自己很坚强。

8. 认为自己很乐观。

9. 认为自己很有影响力。

10. 认为自己很有勇气。

11. 认为自己很能掌握现状。

12. 认为自己内心十分平静。

四　吉拉德的250法则

题注：细节决定成败

不起眼的一个小动作常常会引起一连串的巨大反应。1963年，美国气象学家爱德华·罗伦兹（Edward N.Lorentz）在一篇科学论文中提道："一个气象学家提及，如果这个理论被证明正确，那么一只南美洲亚马孙河流域热带雨林中的蝴蝶，偶尔扇动几下翅膀，可以在两周以后引起美国德克萨斯州的一场龙卷风。"他认为蝴蝶扇动翅膀的运动，导致其身边的空气系统发生变化，并产生微弱的气流，而微弱的气流的产生又会引起四周空气或其他系统产生相应的变化，由此引起一系列连锁反应，最终导致其他系统发生翻天覆地的极大变化。这就是蝴蝶效应。中国早就有古语："千里之堤，溃于蚁穴。""不积跬步，无以至千里；不积小流，无以成江海。"《易经》也说："善不积不足以成名，恶不积不足以灭身。"吉拉德的250法则，其实就是蝴蝶效应的同义语。

多米诺骨牌（domino）效应同样可以用来解释吉拉德的250法则。多米诺骨牌实际上发源于中国古代的"牌九"。据记载，宋徽宗宣和二年（1120年），民间出现了一种名叫"骨牌"的游戏。这种骨牌游戏在宋高宗时传入宫中，随后迅速在全国盛行。当时的骨牌多由牙骨制成，所以骨牌又有"牙牌"之称，由于在游戏中，点数以"九"为大，民间又称之为"牌九"。1849年8月16日，意大利传教士多米诺回到阔别8年的米兰，其中之一便是带回一套28张的骨制产品——牌九，并将它们送给了女儿小多米诺。小多米诺和男友阿伦德在一起时，会让阿伦德把28张牌在规定的时间内竖起来，一张也不能倒，如果有牌倒了，就限制他一周不许参加舞会！结果他们发现，只要轻轻碰倒第一枚骨牌，其他骨牌就会产生连锁反应，然后依次倒下。这就是多米诺骨牌效应的发现过程。

说白了，无论是250法则，还是骨牌效应，其所言的不过是细节决定成败。

在遥远的古英格兰时期，流传着一首著名的民谣："少了一枚铁钉，掉了一只马掌，掉了一只马掌，丢了一匹战马，丢了一匹战马，败了一场战役，败了一场战役，丢了一个国家。"这说的是英国国王查理三世的故事。话说查理准备与里奇蒙德决一死战，他让一名马夫给自己的战马钉马掌，钉到第四个马掌时，差一颗钉子，马夫偷偷敷衍了事。不久，查理和对方交上了火，正在大战中，查理的马掌忽然掉了一只，他被掀翻在地，王国随之易主。一钉损一马，一马失社稷，百分之一的错误导致了百分之百的失败。

你一定见过在下雨或下雪等特殊情况下，高速公路上的交通十分堵塞，车一辆接一辆。如果前面的那辆车突然停下，后面的那辆车就会因来不及刹车而追尾。接着，更后面的一辆继续追尾，更后面的一辆车继续追尾……

不要忽略细节，因为全局是由一个个细节构成的，而细节便是蝴蝶的翅膀、骨牌中的牌。无论多么宏大的蓝图，若没有细节的支撑便成不了可以实现的目标；无论多么动人的理想，若没有细节的执行便不会有实现的可能。

　　世间的每一个细节，都有着这样或那样的关联，没人看得见关联的尽头。做个靠谱的人，成功是没有捷径的。如果不懂得未雨绸缪，不懂得防患于未然，至乱成而后治之，就如渴而穿井，斗而铸锥……一切为时已晚。

　　别人是你的镜子，如果你对着镜子哭喊，你绝对看不见笑容。

　　所以，无论你是何人，也无论你是做什么的，保持积极的心态，把别人的批评、责骂、建议等，当作对自己善意的"关爱、帮助和造就"，以感恩的心去学习，从中吸收有利于自己进步和成长的营养。面对工作、问题、困难、挫折、挑战和责任时，多从正面和成功的一面去想，采取积极行动，努力去做。坦然而淡定地面对生活中的一切，只要你的全身洋溢着幸福正能量，所有和你接触过的人，都会把这份能量向江湖传说。根据吸引力法则——其实就是《易经》里的"同声相应，同气相求"——你是一块磁铁，吸引思想、生活方式等频率与你相同的人。我们相信什么，我们就会关注什么；我们关注什么，我们就会看见什么；我们看见什么，就会回过头来证明自己原先的想法是"对"的……如果你总是无意识地、被动地任由外在世界牵动思绪，你就既会得到你想要的经验，也会得到你不想要的经验，人生就会显得很起伏，而你对这一切都会毫无办法。当你有意识地选择你所想的，你所关注的时，你就会成为一个顺心的、自主的、心想事成的人。请听从内在的指引，它会给出最好的方向，将一切有利因素吸引到你身边。从现在起，便改变自己的思维模式，做个传递幸福正能量的销售员。

1个实际顾客可影响250个潜在顾客

我在与顾客打交道时，有一条严格的规则——不做情绪的奴隶。我会在最后一章讨论我对每名顾客的态度。你可能认为，由于我是这一行的超级明星，谁要是和我过不去，或是我不喜欢他的长相等，我就弃之不顾。你想错了，你可以看看我的销售记录和收入记录。

如果你有这些想法，那么，你就忽略了最重要的一点，无论我对自己或和我见面的人有何想法，我都不会让想法影响我，我们是在做生意。我们这一行是一个重要的职业，而那些人（潜在顾客和实际顾客）对销售员来说是最有实际意义的。他们进入我们的店里，不是来打搅或骚扰我们的。他们是我们的衣食父母。如果我们不这么想，不把这一情况当成明确的商业事实，那么我们就不知道自己在干什么。他们不是指某一部分人，而是指全部。

我先解释何谓吉拉德的250法则。我入这行后不久，朋友的母亲去世了，我去殡仪馆参加了葬礼。天主教的殡仪馆把弥撒通知单（有名字和照片）发给了在场的每一个人。过去几年里，我见过这种弥撒通知单，但那一天我又想起了这件事。于是我问殡仪馆的负责人："你怎么知道该印多少张呢？"他说："这是个经验问题。我们首先会看签名册，数一数来了多少人，干了一阵后，我们就知道，每个弥撒仪式平均会来250人。"

没过多久，一位新教殡仪馆的负责人从我这儿买走了一辆车。成交之后，我就问他，一个追悼会通常会来多少人。他说"250人左右"。

有一天，我和妻子去一家酒店参加婚礼。我问酒店老板，一场婚礼平均会来多少客人。他说"新娘一方来了约250人，新郎一方也差不多"。

估计你能猜出吉拉德的250法则是什么了，但我还是要告诉你：每个人认识的人中，足以邀请到来参加婚礼或葬礼的差不多都是250人！

你也许会辩论说隐士没那么多朋友，但我会告诉你，许多人的朋友超过250名，但朋友的平均数是250人。这意味着如果我每周接待50人，若其中有2人对我的接待方式不满（称为不满者），那么到年底会有26000人受到不满者的影响。我已卖了14年的汽车，假如我每周拒绝2名顾客，14年即可有364000人（能坐满一个体育场了）坚信：别买乔·吉拉德的车！

不是数学天才也能理解：吉拉德250法则是你能从我这儿学到的最重要的东西。

时时刻刻都要保持良好的心态

试想一下：正好你情绪不佳时，一个人走进你店里，于是你对他也没好气。他回到办公室，别人会问他"怎么样"？他会说"萨姆·格洛茨（Sam Glotz）让我碰了个钉子"。这时正好旁边有一个人想买车，他就会说"别去找萨姆，他不是个东西"。

你不知道哪个人是车间主管或企业领导，他们是工厂或办公室的当权者。你永远不知道哪个人是酒店老板，他可能从你这儿出去，就回酒店开会了。你的顾客也有可能是理发师或牙医，他们每天在工作中都会和许多人交谈。你的顾客也可能是卖另一种产品的销售员。

如果一个普通人一辈子有250个朋友，那些在工作中每周要见几百人的人又会有多少朋友呢？

如果一个见你的顾客对你不满意，甚至怒气冲冲的，那你能高兴吗？如果每个普通人可以影响250个人，我可吃不消。如果很多人每天与我打交道（不满意）后，又与很多其他人接触，那我更吃不消。

人们没事的时候，会聚在一起闲聊自己买了什么东西。有的人专爱指导别人到哪里购物，购物时该付多少钱等。这就是普通人日常生活的一大特点。

得罪这样一个人，你能吃得消吗？我吃不消。因为我知道自己的销售额和收入中，有多少需要人们为我宣传。这是我职业生涯中一个强有力的生意源泉，对你来说，也同样如此。

我们谈的不是爱情或友谊，我们谈的是商业。我不在乎你对自己接触的顾客有何实际看法，唯一重要的是你对他们的态度。当然，如果你控制不了自己的真实情感，那你就有问题了。我们从事的是商业活动，在这里，一切人——"闲人"、怪僻的人、卑鄙的人、抽烟斗的人——都有可能掏钱买你的东西。

如果你用愤怒或自作聪明的话气走一名顾客，你就有风险了。因为这名顾客会把对你的坏印象告诉至少250个朋友，而这250个人本来有可能到你这里来购物。

这就是为什么你最好要培养你的友好态度，你必须每日每时牢记在心，如果你不想被吉拉德250法则消灭的话。

你每气走一名实际顾客，就等于赶走了250名潜在顾客。

提示：

1. 与人相处要给人两种感觉：一是乍见之欢，二是久处之乐。
2. 很多推销员不是不懂推销，而是不知如何拓展人脉。

3. 建立人脉不在于跟对方有什么关系，而在于给对方带来什么样的利益（是不折不扣的商人衡量标准），很市侩的，却是重要的一点。

4. 利益定义：利用彼此资源创造双赢的效益。

5. 永远记得中国人的三种面：情面、体面、场面。

6. 多认识三种人：经验比你多、关系比你广、实力比你强。

7. 财富不是永远的朋友，朋友才是永远的财富。

五　别加入小圈子

题注：让每一种行为都有价值

古往今来，世人的判断在多数时候依据的都是结果而不是动机，而老板们更是声称：我只要结果。虽然结果并不由行为人决定，我们只能尽人事，听天命。结果本不应该影响我们的评判标准，但当我们自己牵涉在内时，却发现很难做到。无论一项行动的结果是好是坏，都会让我们对行为人产生或好或坏的看法。

实际上，我们都是结果论者。如果有害的动机和恶毒的感情也会遭受惩罚，如同惩罚实际行为结果一样，哪怕卑鄙的念头没有带来任何行动，但也像卑鄙的行动一样被人处罚，那么每个法庭都会变成宗教审判庭——这会掀起甚于文字狱的同胞戕害，即使是最清白无辜和谨小慎微的行为也得不到保障。好在，我们在生活中，只会承担行为与行为结果的责任。

人本为行为结果而生，本性让我们尽量发挥自己的才能，改善自己和他人的生存环境。我们不可以满足于消极的善心，或仅在自己内心深处希望世界人民幸福而自以为是人类的好朋友。除非我们全力以赴，取得实际上的成功，否则不管自己还是他人都不会承认我们有真正的善心。正如一些常常认为自己怀才不遇的人实在可疑一样，你做了些什么？你有什么实际贡献值得我们相信你是有才华的人？

如果我们留意一下，就会知道结果价值的重要性。比如，你正处于困难中，很多朋友都在帮助你，有的解决了你的暂时的生计问题，有的为你的问题上下找关系。其中有一个朋友A，虽然无财势，但为了你的事情上下奔走，尽了全力，当然，没帮上什么大忙，你很感动他这份用心。如果此时出现一个有财有势的朋友B，他只是轻轻一句话便化解了你所有的危机，你对B的感激超过A的十倍都不止，尽管他并没有怎么费心力！

再看有名的京剧《锁麟囊》中，登州富户之女薛湘灵带着数百万嫁妆出嫁，花轿行至中途时遇大雨，只好到春秋亭暂避；这时，又来了一顶花轿，轿中出嫁的贫女赵守贞，感世态炎凉悲伤啼哭。薛湘灵仗义怜贫，以装着各类珍珠宝玉的锁麟囊相赠。雨停以后，各自离去。六年后，登州发了大水，湘灵与家人失散，只身逃难至莱州，孤苦无依，只能给当地绅士卢家当保姆。一天，在她陪公子天麟游戏时，公子把球抛入小楼上；虽然夫人曾嘱过她，不能上小楼，但公子逼薛湘灵取球，湘灵不得已，只好上了楼，见自己当日的锁麟囊供在楼上，不觉悲泣人生富贵无常。后来湘灵与卢夫人一番深聊，才知卢夫人即湘灵赠囊之人赵守贞，卢夫人敬湘灵如上宾，并帮助其寻找到母亲、子女和丈夫，一家团聚。试想一下，如果薛湘灵不是一出手便能安人生计的富家小姐（分我一枝珊瑚宝，安她半世凤凰巢），而是一个只能解她一餐之饥的普通人，她的恩情又怎么可能被终日供奉。行为的结果注定了行为人在我们心中的价值，所以，当我们作为一个行为人时，一定要时时以结果为导向。

但是，以结果为导向，并不是说我们要唯利是图。完全以结果为导向的人只会重结果而不重过程，只在乎自己能得到什么，能有什么收益，对自己有什么好处；只会做对自己有利可图的事，而不是有价值、有意义的事。有时，他们为了达到自己的目的，为了自己的利益甚至会不择手段，他们不在乎过程是否完美，是否合乎伦理，有时候甚至不在乎是否合法，只在乎结果是否合乎预期，而这往往会导致过程的错误，让他们惨死在追寻梦想的路上。

既要有清楚的目标，又要有正义的方法。在这方面，我们的主人公乔·吉拉德就做得非常好。他非常清楚自己的目标，而且知道怎么去实现目标，从来不把时间浪费在闲聊上。也许，做一个跟随大众、随波逐流的人，比按照自己的节奏来行动的人要容易得多。做到任何时候都有自己的主见，任何时候都能把持自己，不人云亦云，不盲目从众，需要相当大程度上的独立与自信。不加入小圈子，只在自己的世界里奋斗，别人会要你向大众看齐。但我们知道，大众都是些碌碌无为的人，我们那么努力地活着，不是为了成为一个有资格无所作为的人，不是为了别人认为"你应该如何如何"。当然，这并不是说，你应该拒绝任何帮助，应该刚愎自用，不去接纳任何人的任何建议。相反，我们要向乔·吉拉德学习，他是最善于让人帮助自己的人。

他在《怎样迈向巅峰》一书中如是说："在你攀登顶峰的路上，你不必拒绝他人的帮助。但请记住，从长远来看，你才是自己那艘船的船长。"

这个世界上，还有一些人视工作为负累，其实工作不仅教育着我们，还让我们自身的能力得到进一步的发展与增强。正是长时间系统地运用自身的能力，给我们带来了持久的乐趣。

自然定律就是，任何无益而又占用空间的东西都逐渐退化，然后支离破碎，烟消云散。无论引擎还是大脑，若不使用，退化就是必然。

也许，多数原先具有活力的人，在日复一日的工作之中，失去了新鲜感与激情，失去了欣喜的波澜，内心翻不起半点涟漪。他们机械、敷衍地工作着，或多或少将工作视为某种不幸或是想要急切摆脱的累赘。他们只想着如何让自己爬高一点，以求没有那么辛苦，可以从中获得某种解脱。

许多人都想从工作中解脱出来，但历史的经验证明：兢兢业业、认真工作的人，其实是最幸福的。实际上，懒惰才是对人类最邪恶的诅咒。所以努力工作吧，以结果为导向，在不阻碍别人享有相同权利的同时，让自己的所有行为都有价值，你才能够实现最大化的成功。

不要把时间浪费在闲聊上

我也不是第一天当销售员时就发现250法则的，我是用了好几年，才琢磨出来的。我猜不出我为此丢了多少顾客和顾客的朋友、亲戚及同事。我得承认，近年来也还因为别人说"意大利佬"或"意大利崽"而发火。有时我也想压住怒火，但我压不住自己的西西里热血。

入行后，我很快就得到了一条重要的经验：别加入小圈子。大部分销售员上班第一天，就学到这一教训，但他们很快又忘记了。这句话的意思是：别在工作场所加入"废话圈子"或"聊天圈子"。具体点儿就是：一帮人早上一上班就聚在一块儿聊天，讲自己昨晚干什么了，老婆吃早饭时抱怨什么了，或讲其他与工作无关的事。

每个人都知道我说的是什么。一名销售员走近大伙说道："你们听说过菲尔·琼斯吗？"菲尔·琼斯是一名10年前的老员工，没有人听说过他，但他们还是听他讲起琼斯如何出了一次事故，或赢过一次彩票。这样的聊天有什么益处？能让你多挣多少钱？

然后，卖咖啡的小车推过来了，大家开始用掷硬币的办法，确定今天早上谁请客喝咖啡。上午慢慢过去了，很快就到了吃午餐的时间。现在的问题是：我们上哪吃午餐？有人提议去某某餐馆，结果大家发生了争论，只好投票决定。然后去各种销售员都去吃饭的餐馆吃饭。在那里大家不可能遇上能帮他们挣到一角钱的顾客。午餐之后，大家又把时间浪费在讲故事上，还会议论谁还欠谁多少饭钱。很快，一天就过去了，他们没抓住任何发展生意的机会。

记住：无论你为谁工作或你卖什么，这是你的生意。你下的功夫越多，就有越多的人成为你的顾客。逃避工作的每一分钟都会让你付出金钱的代价。你想告诉我你听到过这种说教？如果你经常和一帮销售员聊天，你就没有时间利用自己的能力好好工作，和一帮人闲聊你是挣不到钱的。

从自己的经验中学习

如果你当过职业销售员，你就能理解以上道理。你唯一该做的是回想自己第一次上班时的情景。当时你谁都不认识，你感到有点孤独，没人可以交谈，于是你只好找事情做。你可能花点时间熟悉商品，也许你会在老员工与顾客交谈时凑近他们，以便学学他怎么谈生意。你可能甚至靠打电话拉生意，或发信给朋友和亲戚，以便将自己的工作单位及销售的产品告诉他们。不必有人吩咐你做这些事，因为如果你有生意头脑，你就知道一个刚当上销售员的人应该这么做。这就像商店新开张一样。

更重要的是，你做这些事是因为你空闲时间很多。你无人可以交谈、没有朋友。然而经过一段时间之后，你和大伙都混熟了，那些事也就基本或全部不做了。你不再自命不凡，而且你猜不透自己刚来时那么努力有什么用。唔，生活就是这样，你对自己这样说。你有时情绪高涨，有时情绪低落。

唯工作价值能使你与众不同

不要在乎那些不良情绪——我入行后不久，就通过痛苦的方式得到了这个教训。但我拿到了那袋养活家人的食品，就理解了销售成功的价值。首先，你直接的愿望满足了：带一袋食品回家。另外还有某种东西，因为我在第一次成交后，体验到了一种成交本身带来的特殊兴奋感。我当建筑商时，一年可以卖掉几座房子。但我的房子价格很低，而且当时便宜的房子很少，用不着什么销售技巧就能卖出去，所以这种成交并没有给我带来什么特别的成就感。但说服那名可口可乐销售员买我的汽车，却是一种真正的胜利。我不仅得到了食品和佣金，而且还体验到了任何销售员都因胜利而体会到的兴奋，如果他是一个真正的销售员的话。

那是我第一次成功销售，这使我又有了信心，使我愿意努力去尝试可以想象的一切，取得更大的胜利。当时我不认识店里的任何销售员，而且我知道他们讨厌新面孔，因为他们把我看成抢生意的人，所以我没和任何人交朋友。我只是想一心卖车，也确实卖了许多车，第一个月卖出了13辆，第二个月卖出了18辆。到第二个月的月底时，我成为店里成绩最优者之一，但是我却被解雇了。

那是好久以前的事了，但我记得，原因是其他人反对让我继续做销售。他们认为我抢了别人的生意。我想，让他们不高兴的主要原因是我这个没经验的新手，成绩居然与他们一样好甚至超过了他们，而且我和他们关系也不友好。于是我离职了，到了另一家汽车销售店工作，一直干到退休。刚去时，我的销售经理说，如果不和其他销售员交朋友的话，业绩会更好。我早就意识到这一点了，但我也知道和同事搞成敌对关系是没有意义的，所以我一直很小心。他们知道我处世风格与众不同，我不想把时间浪费在扎堆聊天上。他们知道，这对我是划算的。我和同事也常会有点小摩擦，但我一直保持自己的风格，而且一直在这家店工作。

我们这行的销售员，最爱聊的话题是哪种汽车销售店最好、自己所在的店有何毛病以及自己朋友所在的店如何棒。但我这么多年一直没换工作地点，因为我认为最重要的是你的工作方式，而不是你的工作地点。我们店的地点很好。事实上，大部分雪佛兰汽车经销店，或任何比较好的经销店都占据好的地点。我们的工资和其他任何店一样，不会因为店的不同而有待遇上的高下之分。所以我发现最重要的是聪明地做事，这甚至比努力做事还重要。

吃午饭时，我一般不和同事们一起去，因为我另外有事要干。我和人外出吃午餐是为了生意而不会因为他是一位好朋友。我会在另一章讲讲我和谁外出吃午餐、我做什么以及为什么这么做。现在让我只说一句，我工作时一心想着生意，无论这生意是什么样子的。

我的意思是：别和同事搞小圈子。如果你已经加入了，要想办法退出来。因为小圈子会带来坏习惯和错误的态度。

试想一下以下场景：每当销售经理召开销售会时，大家都在吐苦水，说什么"淡季又来了吗"？我刚开始卖车时，对销售一窍不通，我去开会是想学点东西。你猜怎么着？我真学到东西了。你可能不喜欢销售经理，但他对销售确实懂得不少。虽然我认为他们放映的（示范）

电影并不出色，那是因为拍电影的人除了影片外，基本上没卖过东西（因此我制作并出售我自己的销售培训影片，虽然我长得不帅，但买我影片的公司说我对销售的感觉很出色）。即使这样，对我来说，经理在会上讲的东西也让我受益匪浅，而且我觉得他对销售懂得比我多，至少在当时是这样。我很快发现，按影片和经理的提示去做，果然很有效，我的成交额上升了。如果我努力地做，无论是打电话还是寄信，都是非常有效的。

后来，我学会了用自己的方法去做事，效果也更好了。我甚至自己学会了编写信中的词句，这些话比别人教的话更管用。不过，有别人教的东西总比一无所有强多了。如果你加入了小圈子，别说学会用自己的方法做事，你连别人教你的东西也学不到。那些扎堆聊天的人，可不会告诉你一天打10分钟或60分钟电话可拉来多少生意。你的朋友也不会这样告诫你："别听我说傻笑话了，回到办公桌去写10封信吧，一天发10封，一年就能够与2500个有车的人联系上，他们总会换新车的。"

小圈子中的大部分人都以为，生意全是走进店里的顾客带来的，所以他们不会把我知道的奥秘告诉你，因为他们不懂。你不加入小圈子，就可以成为本城市卖东西最多的人，因为你的全部时间都在与人联系。这样，大家一来店里就找你，而不是随便找个人接待。许多销售员都用这个办法获得了成功，只要他们的好运能继续的话。但没有人能向每一个人销售，排队等顾客的销售员只能等着撞大运了。

努力总是好的

我可从来没想过要靠在工作中撞大运为生，除非我去拉斯维加斯，虽然赢钱的机会很小，但要是想撞大运，那倒是去对了地方。但我不想用自己的职业和家庭去赌，所以我绝不听天由命。我要自己创造机会，而最重要的一点就是不加入小圈子。

我们家乡有句俚语：如果你朝墙上扔足够多的意大利面条，总有几根会粘到墙上。中国人也许会朝墙上扔米饭，但无论你怎么看，这是基本的概率法则，比一帮人闲聊天、干等顾客上门要强多了。

这就是说，如果你做许多事来拉生意，就会拉到生意。这些事不一定做得很完美才会产生效果——当然能完美一些，效果就更好一些。关键是你要大量地去做，关键是你不能加入小圈子，否则你就无法做应该做的事来争取机会。

好了，你也许会问该如何动手干。其实你可以做许多事，而且你很快会发现哪件事最有效，什么方法适应你的风格、个性和兴趣。但关键是要做点事。多年来我与各行业的销售员交谈过，他们都认为许多新手会被淘汰。任何新手总能成交几笔生意。无论是汽车、保险还是其他，新手可以自己买一份，给丈母娘买一份，再向好朋友卖一份。一位销售经理曾告诉我，"头三笔交易过后，你就知道他是不是真正的销售员了"。

你成交了几笔容易做的生意（人们答应买是因为想帮助你）后怎么办？这就是大问题，我们在下面会讨论它。

别加入小圈子，用你全部的时间去创造机会。

提示：远离是非，全力创造机会。

1. 无论做什么，都要努力做到最好。
2. 努力工作就好，而不是因为工作好才做。

3. 全心全意地付出热情和智慧，你会体验到工作的喜悦。
4. 相信自己"能做到""能做好"。
5. 不闲聊，用所有的时间去创造机会。
6. 做自己的主人，不从众。
7. 懂得犯错是可以接受的，但要记得从错误中学习。
8. 对自己有信心，对别人也要有信心，让别人相信你。
9. 与正能量人物在一起，远离牢骚满腹的苦鳖。
10. 远离事鳖和傻鳖。
11. 坦然面对所有状态，淡定解决一切问题。
12. 就算彻底失败，你还可以从头再来。

六　不要停下前进的步伐

题注：主动去做，努力去做

《增广贤文》曰："学如逆水行舟，不进则退。"人生何尝不是如此。

美国总统乔治·布什说："我寻找那些能够自动自发，能把信带给加西亚的人，让他们成为我们的一员。那些不需要人监督而且具有坚毅和正直品格的人，正是能改变世界的人。"

做就好，不要好才做。因为积土成山、滴水穿石需要的是坚持；愚公移山所需要的也是坚持。假如蚂蚁有足够的时间坚持，也能把勃朗峰夷为平地。人生不过三万天，在我们短短的一生中，实在没有多少时间可以荒废。但是绝大多数人最擅长的是，一边抱怨工作难做，一边荒废时间，他们从来不反省自己，不去想如何进行更多的努力去改善结果。其实我们最应该做的是：努力去做。只有不断地努力，你才能促成各种成功机缘的汇聚，你才会看见机会，并且知道怎么抓住机会才能成功。

在本章中，吉拉德的思想精髓就是坚持，一个人的主动性决定了他的成败。

工作数年以来，译者发现，几乎所有的企业都面对着一个特别尴尬的处境：无论多好的激励机制，绝大部分员工，依旧如死物一般不动，他们得过且过，除了在批判上竭尽所能外，几乎无所作为。某生理研究节目为研究卵子受精过程，找来了极为俊美健康活力的青春男生，研究他们的精子活力。结果发现，即使全世界最优秀男士的精子，数亿中也只有十来条具有主动靠近卵子的活力，其他则如死物一般，偶尔动弹一下，有的甚至根本不动⋯⋯恰似心理学家古斯塔夫·勒庞对大众集体无意的总结，跟公司员工像极了，可能一家大企业，就那么一两个员工有工作热情。尤其让人不能理喻的是：诱之以利，无用；示之以惩罚，无用。企业真是左右为难，那个纠结啊⋯⋯我是深有体会的，员工若感觉任务不得心，便拖延以不了了之。要么下班就跑，上班就闹，不是走神，就是事无巨细皆要找领导处理。像这类人，自然不可能成为什么成功人士。

《杂阿含经》说："人身难得，如盲龟值木（意思是改变命运的机会渺茫）。"与其把时间浪费在抱怨上，浪费在发愁上，浪费在为推卸责任找借口上，不如老实工作，主动工作，努力工作。

虽然工作很难一开始就朝我们预期的方向发展，但只要我们努力，且付出的努力越多，你便越能掌控趋势。努力之初就像纤细易断的纤绳，假如我们只用一分努力，纤绳就极易断，很难拖动那艘名为"成功结果"的大船，我们只有不断努力，来让这根纤绳更粗更结实；纤绳越粗越结实，我们就越能拖动大船。

吉拉德的成功完全取决于他的主动性，为了保住这份工作，他主动改掉了自己口吃的毛病，虽然过程极其艰难。他主动给陌生人打电话，主动建立顾客信息档案，主动想方设法改进与顾客交流上的问题⋯⋯可以说，没有主动，就没有这个最伟大的销售员。

所以要想成功，要想改变自己的命运，就必须主动起来。

何谓主动？即不待外力推动而行动，不需要别人督促，不需要领导监管，自动自发地去为梦想而努力。否则，成功也会像盲龟值木般难遇。

而主动性，则意味着自己对目标有正确的认知。但一些年轻人走出校园时，没有正确的认知，总对自己抱有很高的期望值，认为自己一开始工作就应该得到重用，就应该得到相当丰厚的报酬。他们喜欢相互攀比工资，把工资当成衡量一切的标准。无怪罗永浩说，招人只招至少工作了一年的人，这样的人有经历，知道天高地厚。他们不明白，自己是刚刚踏入社会的年轻人，缺乏工作经验，课本知识和工作常识是两回事，学校只是教会了一点阅读、写作和计算等基本常识，但和真正的工作知识相去甚远；他们的知识，顶多够帮助他们理解工作常识罢了。就好比一个从来没有写过系统性论文的人一样，虽然他可能识字，也知道写句子，有的甚至能写出不错的短文来，但要写论文就摸不着门了。你怎么可以期望自己一无所知就被委以重任？你怎么可以期望自己不贡献价值就获得丰厚报偿？

在这样一个社会里，年轻人的境遇比上一代人更冷酷、更严峻，因而也就更需要主动努力来改变现实。不要认为给公司干活，公司付一份报酬是等价交换；实际上，在你们工作最初的半年，企业几乎都要支付工作培训成本和你的工资。不要在工作时采取一种应付的态度，能少做就少做，能躲避就躲避，敷衍了事，以此来报复你们的企业或领导。你们要对得起自己挣的工资，对得起自己的前途，对得起家人和朋友的期待，更要对得起自己为了获得工作的整个教育，整个人生所受的苦。

其实，金钱在达到某种程度之后就不再诱人了，它只不过是众多报酬中的一种。世界上所有的成功人士，都不会因为一时的金钱回报，而改变自己对工作的态度。如果你想要攀上成功的阶梯，最明智的方法就是选择一份即使酬劳不多，但你非常愿意做下去的工作。这样，你才能自动自发地解决工作中遇上的各种问题。只要你热爱自己的工作，金钱就会随之而至。

　　自动自发，不断努力，你也会成为卓越人士中的一员。

忙着总比闲待着好

　　我需要卖出第一辆车，但我没有一个买得起车的哈利叔叔或岳母。如我所述，我已经一贫如洗，确实需要卖一辆车来养家糊口。幸好我有那个卖可口可乐的家伙，谢谢你，无论你现在身在何处。于是我搞了一份前面说过的潜在顾客名单，4页从底特律市电话簿上撕下来的纸，两张白的，两张黄的。我桌上有一部电话。我是刚刚入行的新手，不知道唯一的销售方法是站在店门边排队，一边排队，一边和别人聊天——直到我的轮次到了，才能去招呼刚进门的顾客。但我已保证过，不抢其他销售员的生意，我基本上说到做到了。我拿着自己的名单给我的潜在顾客打电话，你也许不相信我只用电话簿撕下来的4页纸就做成了一份潜在顾客名单，但我告诉你，我确实按这份名单打了电话。如果必要，我今天还会这么做，并且能过上不错的生活。

　　人们常常认为给陌生人打电话是做无用功。的确，很多电话会没人接，有些电话号码是作废的，有几个人听不懂你的意思，还有人不会说英语。但是如果你坚持下去，肯定会有收获。如果你不怕麻烦，用10分钟或1小时空闲时间，打上6个电话，不必介意是否有效果。说不定哪一个电话会让你找到一条生意线索。忙活总比闲待着——搔鼻子或听人讲一个没意思的笑话——强一些。

　　有许多办法比给陌生人打电话找生意线索更有效。如果你一时没有更好的办法，这种打电话的方法也值得一试。我们后面会讨论如何开发一套系统的办法来寻找线索，并找到潜在顾客及实际顾客。现在我要告诉你的是：即使这是拉生意方式中效果最差的——按电话簿给陌生人打电话——也总比闲待着强。

所以，拿起电话吧，即使你没有现成的潜在顾客名单。如果你所在市的郊区有单独的电话簿，或电话簿中独立成一章，那当然更好了。但这不是必要的条件。记住，我的潜在顾客名单只是从电话簿上随意撕下来的4页纸。如果我今天还必须这么干，我会先用几分钟查查电话簿，选合适的街名或人名，然后开始打电话。

销售是一场信息战

假设我打了10个电话都毫无收获：无人接听、不会说英语、妈妈去商店了。现在我要在白天打电话，在上午的晚些时候，因为我不想打得太早，我会选上午9—10点打电话。如果我连打10个电话都没收获，那对我有何损失？损失了3—4分钟吗？那没关系。假设这时有一名女士接了电话，我就会说："喂，科瓦尔斯基太太，我是梅里诺斯（Merollis）雪佛兰汽车经销店的乔·吉拉德。我要告诉你，你预订的汽车已经到货了。"从现在开始请记住，我是在给陌生人打电话，我肯定可以从电话簿上知道对方的名字、地址和电话号码等全部信息。这位科瓦尔斯基太太自然对你的话满心疑惑："恐怕你打错电话了，我们没有订新车。""你确定吗？""我确定，否则，我丈夫会告诉我的。""等一下，你是克拉伦斯·科瓦尔斯基家吗？""不是，我丈夫叫史蒂文。"听到这句话后，我把这个名字记下来，尽管我已经知道这个名字电话簿上就写着呢。"科瓦尔斯基太太，这么早就打搅你，真不好意思。你肯定很忙。"她可能会说没什么打搅，或会说她刚从超市回来。无论怎样，我不让她挂断电话。

我想和她继续聊，因为我还没说完，而她也许平时没人说话，因此也没挂断电话。"科瓦尔斯基太太，你们现在是否凑巧正想买新车？"如果她知道家里想买车，她就会说想买。但典型的回答都是："还不想买，但你要问我丈夫。"好了，我正等着这句话呢。"喔，我什么时候打电话给他合适？"她通常会说："他一般6点回家。"OK，我得到了想要的信息。"好吧，科瓦尔斯基太太，我晚点会打过来，如果你确信我不会打搅你们的晚餐的话。"直到她告诉我，他们家6点半才吃晚餐，我才会道谢后挂断电话。

你知道我6点钟会做什么，你说对了。"喂，科瓦尔斯基先生，我是梅诺里斯雪佛兰汽车经销店的乔·吉拉德。我今早给您太太打过电话，她建议我这个时间打过来。我想知道您是否想买辆新的雪佛兰汽车？"他说："不，现在还不买。"于是我问："那您什么时候会开始选新车呢？"他说的选车时间可能是真的。说真话比编一个谎言更容易。他也许会说："估计得6个月之后。"我说："好的，科瓦尔斯基先生，我到时和您联系。顺便问一下，您现在开什么车？"他告诉了我，我表示感谢后挂断了电话。

我用一张3×5英寸的卡片记下了他的名字、地址、电话号码以及谈话时得到的信息，比如他的供职单位、有几个孩子、开什么车等，以作存档之用，也是我的寄信名单。我另外还在自己的日记上记一下。我注明5个月——不是6个月——后的某一天6点给他打电话。当这一天来到时，我会给他打电话，并且力劝他买下自己需要的车。

2分钟的电话交谈就可以得到无价的信息，销售是一场信息战。如果你想向某人销售东西，应当尽力寻找一切与此交易有关的信息。比如，你想向某公司销售打字机，首先应该从公司接待员那儿了解公司有多少台打字机，已使用了多久，多久修一次，是何种打字机，是买的还是租的，公司业务正在发展吗，会招新秘书吗，谁是决策人，等等，无论你销售什么，如果你每天花点时间坐在菲利斯摩天轮座舱和大伙聊天，很快就会有一长串顾客等着你。

不断地寻找顾客

刚入行时，我只是随便地把潜在客户信息记在一张纸上，然后往抽屉里一塞了事。但有一天我发现，由于缺乏一个系统纪录，我没法追踪一条线索。于是，我去文具店买了一本日记本和一些3×5英寸的卡片。这样，我开始建立起了自己的信息系统。我把各种纸片上的信息都转记到记录系统中，还制作了寄信名单和电话回访表。如果你还没有这类记录，最好马上做一个，你不可能把一切线索都记在脑子里或是信封的背面。如果你想好好开发潜在顾客，你就得有一个好的记录系统。

我刚讲了一个给陌生人打电话的例子，这一个电话让我得到了一条好线索，最后成功发展了一桩交易。这样的例子不止一个，而是无数个，我自己都记不清楚了。可能我已向很多叫科瓦尔斯基的人卖过汽车，所以甚至这个名字都不完全是虚构的。

现在你该承认，我做的事不是变魔术。这种事做起来也不太难。真的，你可能听说过或见过其他人打陌生电话，效果和我差不多，所以关于这一技术不必多说。但我们大家都应得到提醒，从而能主动做这些明显的、容易做的事情，而不是扎堆聊天。

我不太喜欢在展示厅与一帮哥们扎堆聊天，因为我认为这是在浪费宝贵的销售时间，还因为我总能想到有比闲待着更重要的事要做。我喜欢挣到钱，也喜欢成交带来的兴奋。真的，你可以说我是一个搞销售上瘾的人。我喜欢成交带来的刺激，但这种刺激感会很快消退，所以我要反复地成交。如果我不能每天都卖出几辆汽车，就出现严重的脱瘾症状（如恶心、盗汗、抑郁等）。所以有时我一周卖出的车可以比得上别人一个月卖出的数量。如果别人对自己的卖车业绩并无不满，那是他们的私事。但我永远不会满意于自己的卖车业绩，因此我会尽力改进。

想想这样的情况吧：如果某人在门口一边排队一边聊天，一周内能卖掉5辆车，那他知道如何销售。如果他能吸引5倍的顾客来找他，他又能卖多少车呢？如果他在多成交方面同样有效率，他的收入也会大大增加，即使佣金的比例仍与以前一样。

所以，在一笔交易成功之后，应继续不断地成交，以把菲利斯摩天轮座位填满。要做到这一点有许多方法，给陌生人打电话只是其中一种方法。在交易谈判的过程中，你会发现其他能使自己的时间更有效、更好的方法。这样你就能一边挣大钱，一边享受挑战带来的刺激感，体验销售成功带来的兴奋。

成交之后，如果你继续寻找，还会有许多的成交对象。

提示：不要停下前进的脚步

1. 有积极进取的人生态度。
2. 有强健的体魄。
3. 有大无畏的精神。
4. 对未来的成就充满希望。

5. 有良好的人际关系。
6. 有信心和懂得运用信心。
7. 愿意与人分享自己的成就。
8. 愿意以博爱的精神去工作。
9. 胸襟阔大，能容人容物。
10. 有良好的自律性。
11. 有了解他人和世事的智慧。

七 概率法则：无勤敬则无功成

题注：用一切为了目标的心去看世界

没有不断的努力，就没有成功的可能。没有一心扑在目标上的专注，则意志闲散，不知道自己追求什么，只能碌碌无为地过日子。在本章中，吉拉德强调的思想精髓是："一切以目标去行动，以目标看世界，世界都是目标的条件。"所以在他看来，到处都是顾客名单，到处都有顾客信息。这点还颇像佛家理论之一的境随心转，你想看见什么，你就看见什么。心怀慈悲宽容的人，看到的是人之初，性本善，看到的是众生的需要帮助；满心抱怨的人，看到的就是人之初，性本恶，看到的就是别人这里会算计，那儿又坑人，每个人都对自己不好。如此说来，多数人之所以不能跻身成功人士，不是什么运气问题，也不是什么能力问题，而是他自己不以成功为目标，所以看不见成功。

但一般人常有个错误的观念，认为如果对象和目标没有直接的关系，自己就不需要去接触，不需要去了解。其实，如果从广远的角度来看，整个社会甚至整个世界都是一体的，每个人和其他人都有某种关联。这点从宇宙全息论的基本原理就可以看出来。宇宙全息论认为，从潜显信息总和上看，任一部分都包含着整体的全部信息。宇宙是一个各部分之间全息关联的统一整体。在宇宙整体中，各子系与系统、系统与宇宙之间全息对应，同一个体的部分与整体之间、同一层次的事物之间、不同层次与系统中的事物之间、事物的开端与结果、事物发展的大过程与小过程、时间与空间，都存在着全息的对应关系；每一部分中都包含着其他部分，同时它又被包含在其他部分之中。

所以，从科学的角度来解释境随心转，你想看见什么，就会看见什么，也是成立的。知道了这个常识，那么我们接下来要做的就是，以一切为了目标的心去看待周围事物。正如乔·吉拉德那样，所有顾客都有可能买他的车，只有早买或迟买的顾客，没有不买的顾客。所以，哪怕一个人可能要在多年以后才有可能成为他的顾客，他也会把这名远期潜在的个人信息详细记录在案，并且提醒自己按计划跟进。你看，他看到了有的人是过去的顾客，有的人是现在的顾客，而有的人是将来的顾客……一切只取决于你怎么去看。

以佛法看世界，一切皆佛法；以憎恨心看世界，一切皆可憎；以爱看世界，一切皆可爱。所以如果一个人想成为真正的卓越人士，那么他就必须为自己的人生设定一个可以执行的目标，并且以寻找实现目标的条件的心去看周围的一切，他会惊讶地发现，身边的一切，皆是实现目标的条件，只是有的是现在的条件，有的是未来的条件。

本章中，吉拉德的思想精髓之二是："知道了自己的目标，又有了一切为目标的心，那么我们就能为这一目标不断努力了。"舜帝的《箫韶》之曲，还要连续演奏九章，凤凰才来跳舞呢；对成功来说，连续不断的努力有多重要，就不证自明了。难怪晋代葛洪在《抱朴子·安贫》里说："万钧之为重，冲飙不能移。《箫韶》未九成，灵鸟不纤仪也。"

在前面，吉拉德曾说过一个非常重要的法则——250法则。当然，那一章里只提到了负面效应。现在，我们来探讨一下250法则的正面效应。不知哪位智者说过这样一句话："有的人知道做哪些事可以成功，于是他们就做这些事，他们成功了。有的人只知道做哪些事不能成功，他们果然一事无成……"我们了解哪些事不能做，不是为了不做什么，而是为了找出自己可以做什么，然后做成它。我们探讨负面效应，是为了给正面效应排除干扰。

假如你每个星期都要见2个人，无论你见的是领导、同事、朋友还是亲戚，反正假如给他们都留下了良好的印象，那么一年后，就有104个人对你留下了良好的印象。加上每个人都可以影响250人，你就影响了26000人，再加上这26000人后各自的250人，你是不是要开始发晕？你不知道哪一个人在某天会因为听说你很好而给你带来巨大的收益。所以要用成功的心态来对待所有人，这样你才能真正地成功。

吉拉德的思想精髓之三是："用成功的心看世界，而且要成为一个让别人也了解你的人。"唯有了解，才有信任。顾客愿意和你成交，是因为了解你。顾客愿意买你的产品，是因为了解你的产品物值其价。

了解潜在顾客的细节

我曾说过，良好的销售就像在田野中种植和收获一年四季都会成熟的庄稼一样。也就是说，你一年四季都可以不断地种植和收获。我们也可以把良好的销售看作菲利斯摩天轮。如果你见过摩天轮，就会明白它的工作原理。一个人只能坐一次，而值班员负责摩天轮的人次安排，人们一下来，他就会重新让另一批人上去，他会让轮子往前转一点，直到上一批人全下来，而下一批人全上去。轮子转一圈后停下来，再次重复下人和上人的程序。

良好销售的工作原理类似于摩天轮，轮子一直在慢慢地转，这样，有的人（已与你成交的人）可以下去一阵子，而其他人——你刚开始努力促使其买车的人——可以坐上去。转了一圈之后，已经和他们成交了，于是他们就会离开座位，让另一批人上去坐一阵儿。我之所以说"一阵儿"，是因为没有人一辈子只买一辆车。人们每1—5年就会买一辆新车，无论他们意识到这一间隔没有。但如果你有适当的记录和档案，就会知道这一间隔，这比他们预期的换车时间短得多。

在上一章的例子中，我让史蒂文·科瓦尔斯基坐上了菲利斯摩天轮。从某种程度上说，我把他锁在了座位上。我知道他现在开什么车，我知道他可能会换车。我也大致了解了他的车已经开了几年，拥有或需要借多少钱来买新车。我知道他的住址，也知道他工作的地方，因此我了解他的信用状况，知道他可能在信用合作社或小额贷款公司这类地方贷到钱。我还了解他何时想看新车，因此我会在此之前几周就打电话给他，我比他有可能见的汽车销售员都早了一步。真的，如果我处理得好，我可能是他唯一见过的销售员。他已坐上了我的菲利斯摩天轮，而且我知道他转到哪里了。

当然，我们必须承认，事情的发展经常没有那么顺利。有时对方不会透露太多信息，而有时你根本不知道是谁上了你的摩天轮。因为虽然你给对方写了信，但他却扔在了一边，你却全然不知。

不过，这没有太大关系。打几个电话就能发现科瓦尔斯基（一个很好的、已部分合格的潜在顾客），当然是件很幸运的事。但别忘了，扔面条那件事，只要你扔了，总有几根面条会粘在墙上。我打电话给科瓦尔斯基时，他刚赢了彩票，买了一辆罗尔斯罗伊斯汽车。那又怎么样？

我会问他，是否有其他人想买车——如来他家吃饭的亲戚、工厂里的同事、一位昨天刚撞烂了车的邻居。我也会祝他好运，并请他告诉我是在哪里买的彩票。然后，我会建议他用一部分钱为妻子或快毕业的女儿买辆车。也许，我只和他拉拉家常，一旦他花光了钱，又需要一辆便宜车时，他就会想起我来。

我也不一定知道科瓦尔斯基在摩天轮上的什么位置，但我知道他的名字、他在哪里及何时可以找到他。这些信息已经很有价值了。如果你想挖金子，这种信息就是金子。他值得多次打电话回访，也值得你将他列入寄信名单，以保持联系。

当我谈这家伙时，我相信你明白，科瓦尔斯基是指许多人——人越多越好。自卖车以来，我已经卖掉了12000多辆小汽车和卡车。由于我的回头客越来越多，我已经很难确切地说出，这12000多辆车中，有多少是回头客买的。细节都在我的记录里。我给每个买主设了一张卡片，如果有回头客，我会记上时间、姓名等细节。在我的档案里，有9000个已成交顾客的姓名。

你也许会认为给9000人寄信很花钱，的确如此。毕竟，如果我寄一等邮件，光是邮费就是一大笔钱。但我的发信名单超过9000人，因为它包括尚未成交的潜在顾客。所以维持联系和寄信花了我不少钱。经销商承担了很大一部分费用，我也承担了一部分。但这笔邮费和整理寄信名单、更新寄信名单的费用，都是值得的。

如果你和我一样，也有一长串的寄信名单，你就会理解它的价值。对一个销售员来说，最有价值的东西，就是有一大批潜在顾客的名单。也许你的名单没多长，但没关系，无论你的名单有多长，都是你以某种方式查证过其资格的潜在顾客。

整个美国有几百万潜在顾客，每个大城市都可能有几十万。但掌握真实潜在顾客的细节——姓名、地址等——具有极大的价值。这一点我本不必说，我只想提醒你，以免你日后养成抱怨为何没有顾客来找你的习惯。

无处不在的顾客名单

如何寻找潜在顾客？谁才是你的潜在顾客？你会有这样的疑问。对新入行的人来说，你所有的朋友和亲戚，都知道你目前在哪儿工作吗？你身上带着记有亲友电话及地址的小本子，这就是我已经说过的潜在顾客名单。但你最近与他们联系过吗？

另一个潜在顾客的来源是已付账单。我是说你购物的店家应是你所售商品的良好潜在顾客。人人都要穿衣、住房、买家具、买电器、买汽车。商人——如肉店主人、花店主人及汽油经销商——会买卡车。我购物的店家都在我的潜在顾客名单上。每次去购物时，我都尽力向他们销售。当我交款时，我会提醒他，我是卖汽车的。反过来，我也努力往销售上靠。例如一个人来买我的汽车，我就问清楚他是做何生意的。如果我需要他经销的东西，我就去买一些，并且感谢他买我的车。我不是说仅靠互利互惠发现潜在客户，但你购物的店家应列在你的名单上。所以你可以查查自己的已付账单档案，看看自己买了谁的东西，也许该他们买你的东西了。

吉拉德250法则永远都行之有效。而我们所说的肉店主人、加油站、干洗店等，你想想他们一天要与多少人交谈。这些人都要与顾客交谈，聊聊孩子、交通事故及汽车。他们有的人可能不知道你的职业，所以你应该告诉他们。

让大家知道你是卖什么的

这条忠告似乎只是基本原理，也许你已经听过好多遍了。别不耐烦，我见过许多销售员，从来不把自己的职业告诉他人（好朋友和亲戚除外）。他们说销售员（尤其是汽车销售员）形象不佳。哦，让我告诉你，我为自己的职业感到骄傲。

也许你会以为，你的销售对象是商家或工厂，这一法则并不重要，或者感觉不会对你有所帮助。但事实恰恰相反，一定要记住吉拉德250法则。人们常常会谈论自己的熟人及其职业。我听说，有一个销售员，仅一个电脑服务项目就卖了120000美元，因为一个朋友向他人谈起了他。

我认为，每个销售员都应为自己的职业而骄傲。你可以这么看这件事，我自35岁以来，已经卖了12000多辆新车。你知道这创造了多少新就业机会吗？有多少钢材被生产出来又卖给了汽车厂？通用汽车公司及其几千家供应商又因此赚了多少钱？数不清呀！销售员可以使经济的车轮保持转动，如果我们不能不断地卖货，商品就会积压，美国社会的整个系统就会停止运转。

所以，你应该让大家都知道你是销售员，知道你是卖什么的。当你从对方那里购物时，你不必与其做互惠交易，只需偶尔提醒说，他们一旦有需要，就可以来买你的东西。你想从他们那里得到的不只是生意，而是信息。如果你是卖珠宝的，当你听说某个学生快毕业时，你就要知道，成交线索来了，你也许能卖出一只手表或鸡尾酒会戒指。如果你是卖汽车的，在听说某人撞坏了车时，你可以说很遗憾，但更要记住的是，他需要买一辆新车，而且他能从保险公司领到一大笔理赔金。所以，不要忘了肉店主人和点心店主人，他们可能成为坐上你的菲利斯摩天轮的人，可以成为你在肥沃的土地上撒下的种子。总之，我认为这是一个职业销售体系，你怎么比喻都行。

现在，让我们谈谈其他销售方法。对于销售方法，可以用许多比喻来说明，比如为菲利斯摩天轮填满座位、广撒种子、往墙上扔面条等。无论你怎么比喻，所有的目的都是为了把钱挣到手。

你要让你能想到的每一个人都来为你做销售。

提示：借力使力销售王道

1. 对现实的、更有效的洞察力和更适宜的关系。
2. 对于自我、他人以及人性的客观现实的高度接受。
3. 思想、感情以及行为具有更大的自发性。
4. 以问题为中心。
5. 高度的自主性。
6. 离群独处的需要。
7. 欣赏时时常新。
8. 更多的神秘体验。
9. 宽厚的社会感情。
10. 深挚而精粹的私人关系。
11. 强烈的道德感。
12. 民主的性格。
13. 寓于哲理的善意的幽默感。
14. 更富有创造性。

八 吉拉德的工具箱

题注：每个人都需要一个工具箱

在这一章里，吉拉德想告诉我们这样一个问题，你的工作方法、工作态度和工作习惯，是决定你能否在自己领域里占有一席之地的必然条件。他切身举例，为我们诠释了一个人应该如何通过工具箱的处理，实现最为必然的成功条件。

我们的工作素养和工作习惯都是经过不断的工作积累才培养出来的，职场中的人士一定都有切身体会。工作的方法很重要，而一个人的工具箱，就是他工作方法的体现。一个人是否重视工作，完全可以从他的工具箱看出来。如果分类有条理、内容丰富，那么我们可以看出，这是一个热爱工作、并且懂得随时总结经验，改进自己工作方式的人。他的工作也必然进行得有条不紊，是个值得信赖的职场人士。如果一个人的工具箱内容乏善可陈，还杂乱无章的话，那么不难判断，这不会是个多喜欢自己工作的人，也不大有什么工作的积极性，只会被动地听从工作环节推动，而不能积极主动地去解决问题，或者从过去里总结工作经验。因为，工具箱实际上是一个人工作经验和工作方法的具体呈现。

工具箱是你是否重视工作便捷性的体现。无论我们从事的是地产、汽车销售、文案策划、医生还是出版业，在我们的日常工作中，都需要一些最基本的工具。一个尽职的职场人士，一定会重视工作的便捷性，这就会使他不得不注意在工作中遇上的各种问题，怎么解决，需要用什么工具。当他具备了某种工具可以解决某种问题的意识时，他便会把该工具放进自己的工具箱里。一个电话销售员会很重视自己工具箱里的电话本，一个文案策划人员会很重视自己工具箱中的创意资料搜集，一个编辑会重视自己工具箱里的作者联系方式和编校手册，而一个外科医生则会重视自己工具箱里的手术刀和麻醉剂……每一个人都会有自己的工具箱——不一定是一个具体的箱子，也可能是电脑上的某个资料夹——越精细越能解决具体问题的东西，都是工具。

对一个销售员来说，名片和顾客信息档案就是最重要的工具，前者可让别人随时找到他，后者则是为了跟进顾客、打动顾客而进行的前期准备。如果他有着通过销售生涯改变命运的强烈意愿，那么他就会有着极强的主动性，会在各种场合下都留意顾客信息和销售机会，且会因为目标很清楚，便会学着自觉控制与人交流的情绪。

工具箱是你是否注重经验总结的体现。为什么呢？倘若你十分重视经验总结，那么你会极其留意日常工作遇到问题时，需要给出的解决方案，通过这些解决方案，你会总结出一套行之有效的经验。其中包括流程、方法、注意问题和所需资料等，而这些都会逐渐丰富你的工具箱。不难预见，一个注重工作经验总结的人的工具箱内容必然是丰富的，而一个不注重工作经验总结的人，其工具箱也必然是内容寥寥的。其实，据此亦可看出，一个人对工作是否有热情。

同样，工具箱也是衡量你能获得多大成功的一种标识物。假如一个人的工具箱不仅内容丰富，而且整齐有序，找起工具来像通过一本书的目录查找内容那样方便，那么此人必然思路清晰，目标明确，十分懂得自己要追求什么，怎么去做就能实现自己的目标。可以说，工具箱的条理程度即是一个人的理性程度，至于理性对成功的重要性是不言而喻的。相反，一个人的工具箱内容少而乱，那么可见此人毫无目标、意志薄弱、行为漫无目的、对工作也漫不经心，这样的态度又如何能指望他成功呢。

所以，如果你下定决心要成为一个在某个领域里占领重要一席的巨擘，那么工具箱整理就必不可少了，时时更新工具箱内容，把它变得更丰富、更有条理、更能为你的工作服务，你就几乎有了成功的必然条件。

至于工具箱有哪些东西，具体到个人则各不相同，但大致包括如下几个方面：

1. 流程及流程文件：每一项工作都有着自己的流程，每一个流程又对应着相应的工作文件，如果没有一套管理规范，我们查找起东西来会极为费神。所以工具箱里要有一个专门包括完整流程与相关文件的资料。

2. 相关流程制度：每一个流程可能都涉及一套制度，只有知悉所有流程中的所有制度，才能最好最快地完成流程工作。

3. 人际关系管理资料：如名片、相关个体档案、常用工具等。

4. 问题处理登记：有了问题处理登记，可随时供我们反省，提高工作效率，减少不必要的周折。

5. 典型工作问题整理：把工作中遇到的典型问题集中整理，其经验可供日后翻阅甚至传授新人。

顾客满意是未来生意的最好保证

如果要我说用什么办法发展生意最好,那么我提到工具箱时,你就不应该吃惊。箱子中的工具显然有:电话、我的档案、信件、我的名片、替我介绍生意的人的资料……

我已告诉过你,打电话给陌生人是有效果的。光靠打电话就能把生意做得不错。我也介绍了我记录的方法。我用笔记提醒自己何时应该给长期的潜在顾客打电话,无论这种潜在顾客是怎么发现的。说句实在话,顾客满意是未来生意的最好保证,因此我会用生命保护我的卡片档案。我的卡片档案有两套,一套在经销店我的办公室里,一套在家里。我把它们装在防火的保险柜(500美元一个)里。对我来说,这两套档案的价值是无法估量的。如果弄丢了,我绝对没办法再整理出这些信息了。因此我才特意存了两套,而且放在保险柜中,确保万无一失。

现在就开始建立你的顾客档案

从开始制作卡片档案时,就要记下关于顾客或潜在顾客的一切已知信息:孩子、爱好、旅行习惯等。能注意到的信息都应记录下来,因为只有这样,你与他交谈时才能随时谈起他感兴趣的话题,而这意味着你可以引导他的交谈,使他丧失警惕,忘了你的真实目的——当然是用你的产品换他的钱。

就任何产品的销售而言,让顾客相信你喜欢他、在意他是最有效的一招。销售就像一场比赛，或某种战争。当然，你不必让潜在顾客知道这一点。真的，你要做的事与此恰恰相反。你要让他放松、松弛——并信任你。因此我才强烈建议你在档案中记下关于他的一切信息。我后面将介绍在顾客进店后如何接待他。但我现在想先重点介绍如何把顾客吸引到店里来。

我先简单介绍一下信件。信件对我的生意很重要，对你的生意应该也很重要。这得单写一章，我确实也单列了一章来写它。我现在只介绍所有人做生意时，都可以用的写信场合及方法。如果你知道顾客、其妻子或丈夫和孩子的生日，你会记在档案中。你可以想象你把生日贺卡寄过去时产生的影响。如果你卖的产品比食品杂货或领带还贵，那么寄生日贺卡的成本就不算什么了，因为你以最讨人喜欢的方式提醒他们记住你。

个性化的信件是顾客从销售员那里收到的最好的东西。一些成衣销售员会给顾客寄小传单，这是制造商为新式大衣或西服印制的。如果你在传单上加写一句"我给你留了一套42码中号的西服（或其他什么衣服），请哪天过来试一下"，你想想，这个举动产生的影响会有多大。你的人情多数时候都能让对方回电话，就算对方会说不想要那一件。你至少有机会让他来买另一件成衣，或至少让他理解你特意想着他。

在卖车这一行，直接发信是常用的销售手段。制造商负责印刷信，经销商付一部分或全部的邮寄费用。我曾多年一直用汽车厂印制的信，我认为它们不错，至少比没有强得多。我后面将用一章介绍我自己的个性化信件直邮计划，你可以以它为参考设计自己的直邮计划，或至少你能知道如何更有效地给顾客写信。

名片是小而有力的销售工具

每个销售员都有名片。但许多销售员一年也用不完500张。我一周就能用500张名片。

如果让我指出拉生意的唯一办法，那我很难决定。如果非要我做出这种几乎不可能的选择，那我可能会选名片。但我说的名片不是经销商印的普通名片——销售员的名字被印在下面的角落里，或至少没有被突出。我的名片显然是我自己设计的，上面甚至有我的照片。当然我要付额外的印刷费。但那又怎么样？这对我来说是有价值的工具，我一直用它。

甚至在今天，印刷与众不同的名片的费用也不高，这笔钱花得肯定值。我到哪儿都散发名片，在餐馆付饭费时也会附上名片。几乎人人都开车，所以服务员也是潜在顾客。当我送上名片时我付的小费也略多一点，这么做并不过分大方或是疯狂。你不希望别人认为你很富有，因为他们可能觉得你不需要他们的光顾。例如一顿饭的费用是20美元，那么15%的小费就是3美元，但我会留下4美元和我的名片，然后他们可能就会记住我。

我还有个"癖好"（它为我还赚了不少名声），即会在体育比赛的高潮时刻向人群抛撒大把的名片。在看橄榄球比赛时，当球员就要触地得分时，大家都会站起来，而我也会站起来与大家一起挥手欢呼。只不过我会带一大袋名片，并把名片一把把地抛向人群。因此我可能是在体育场乱扔东西了，但如果我扔出去的几百张名片中有一张落到有心人（他想买车或认识一个想买车的朋友）的手上，那我挣的佣金也就很值了。

你可能认为我这一做法很古怪，但我肯定这为我带来了若干生意。我还引起大家到我这里来买车的极大兴趣，因为抛撒名片是不寻常的举动，而人们是不会忘记这种事的。关键的一点是：有人的地方即有潜在顾客，而一旦你告诉大家你的职业和工作地点，你就是在发展自己的业务。

向与你交谈的每一个人销售

许多人大约已忘记了二战后还可以见到哈德森牌汽车的日子。在物资短缺的年代，买一辆车要排队等好几个月，甚至好几年。因此，哈德森牌汽车虽然过时了，但仍像是一条你几乎不会白白送人的小狗。有一天我在拉斯维加斯遇到一个很富有的人，他曾是一名汽车经销商，发家之后就退休了。我问他卖什么车，他说是哈德森。我简直不能相信。

他告诉我他是如何卖车的。他自己有一条规则，而且要手下人（不仅是销售员，还有机械工、办公室招待员等）必须执行。他每遇见一个人或在电话上与人交谈时，都要先问一下"你想不用等待就能马上买到一辆汽车吗？"这就是他的规则，而且他靠这个方法卖一种别人不可能卖掉的车就发了家。

这就像你向每个遇见你或与你做生意的人发名片一样。有人想买车，而你的名片在经过了许多人的手后，落到了正想买车的人手上。于是你们就成交了。名片值多少钱？不值什么钱。大约1000张9美元。如果你每发出1000张名片就成交一辆车，那这个成本不算什么，因为好处完全在你一方。对名片的有效利用——这意味着身上随时装着大量名片并到处散发——是你最便宜的业务扩展工具。

除了我说过的名片散发方法，我还在我的生意介绍人系统中应用名片，但其要点是一样的。吉拉德250法则告诉你得罪一个顾客有何后果，更重要的是，它告诉你交一个朋友、有一个拥护者及使顾客满意会有何结果。现在把这个法则与250个人相加（他们每人的口袋里都有你一张名片）。这250人不必做任何事，只偶尔从口袋里掏出你的名片就会给你带来成交机会。

OK，但生意不是爱情——它是钱。现在假设这250人喜欢你，也有你的名片，同时又有东西刺激他介绍别人买你的东西——刺激物可以是钱、免费午餐或免费服务。这就是我所说生意介绍人的基本意思。你可以想许多办法自己搞这种组合，以扩大生意。我会介绍我如何发展了自己的生意介绍人系统。该系统每年使我卖出约550辆车，而我付的成本却十分低。

如果你有电话、邮箱、笔、潜在顾客档案、名片，你就有了世界上最有价值的做生意的工具。你的知识可能会超过我。我一直承认自己对销售并不是精通到家，但我不承认在这一行有人比我做得更好。所以当我向你保证适当应用这些简单工具即可成为职业销售明星时，你要相信我的话。

装满你的工具箱——并时刻应用它。

提示：时刻准备着，有计划的人生心不慌

1. 你要在心里，确定你希望拥有的财富数字——散漫地说"我需要很多、很多的钱"是没有用的；你必须确定你要求的财富的具体数额。

2. 确确实实地决定，你将会付出什么努力与多少代价去换取你所需要的钱——世界上是没有不劳而获这回事的。

3. 规定一个固定的日期，一定要在这日期之前把你要求的钱赚到手——没有时间表，你的船永远不会"泊岸"。

4. 拟定一个实现你理想的可行性计划，并马上进行——你要习惯"行动"，不能只是"空想"。

5. 将以上四点清楚地写下——不可以单靠记忆，一定要白纸黑字。

6. 不妨每天两次，大声朗诵你写下的计划内容。一次在晚上就寝之前，另一次在早上起床之后——当你朗诵的时候，你必须看到、感觉到和深信你已经拥有这些钱！

九　让顾客读你的信

题注：像重视自己一样重视顾客

每个人的世界都是一个以自我为中心的世界，倘若我们渴望得到他人的认可，则必须让他们感觉自己受到了足够的重视。我们不仅站在自己的角度来看待这个世界，我们也只会用自己的标准为尺度来衡量这个世界。在一个"我的世界"里，一切皆以"我"的利益为最重要的考量，所以如果我们希望别人接受自己，那么我们必须让他们觉得，他的某些价值只在我们这儿才能实现，以使他们感觉：原来我这么被重视，或原来我这么被在乎。

乔爷尤其强调了一句："没有任何事情比将来的销售（你和他人的任何销售）更重要。"在本章中，乔爷要告诫我们的有以下四个方面：

一、人最爱的都是自己。

二、要想做好销售，就要做好情感工作，用情感去打动你的顾客。

三、要懂得在对的时间干对的事。

四、懂得维护关系，成交之后并不是结束。

每个人都自视甚高，译者在与北大积极心理学医生汪冰聊天时，曾聊及这样一个问题：安慰人的时候，千万不要一开口就说：我很理解你！为什么呢，因为每个人都觉得自己是与众不同的——虽然这是人们少有的相同之处——如果他的痛苦就这么被我们一句轻飘飘的"我很理解你"的安慰之言打发，他会觉得自己受到了极大的轻视。这意味着他的痛苦没有什么与众不同，他本人也没有什么与众不同，更严重地说，他会认为你根本不理解他，而且你轻而易举地让他感觉自己更加痛苦了。尽管他的那些痛苦，对于安慰他的人来说，可能真的不值一提。

亚当·斯密也在《道德情操论》里说过一句让人甚为惊骇的话，其大意是，无论一个人有多大的慈悲，他永远更重视切身的苦痛。假如在伟大的东方国家——中国发生了一场大地震的话，慈悲的西方人可能会感慨唏嘘，甚至做些慈善活动；但若正在他满怀同情时，一只蚊子突然狠狠地咬了他一口，他会立即变得十分恼怒，别人的生死攸关，比不过他一只指头的痛痒。著名作家张爱玲就曾尖刻地说过，人总是刻意夸张自己的重要性，即使某件事根本与他毫无关联。

一个人有多么重视自己，译者也深有体会。译者的一个朋友，是位极有学问的作家，但他也有个极其要命的特点：口头上一副完全不在乎自己的样子，实际极其希望自己被重视、被欣赏。每写一两千字，便势必要译者看，如果译者因为过忙没有看，他便会非常生气。有时，我都不得不告诉他，我最近要看资料和整理东西，忙得连觉都不够睡。他漠然地说了句："你还是要注意休息啊。"然后马上就问："我昨天发你的东西看了吗？"

由此可见，人们总是过度重视自己，对销售员来说，只有抓住人类这一心理特点，才有可能对顾客有的放矢。所以，如果我们想更好地与要发生关系的对象进行更有效果的沟通，我们不仅要有热情，还得体贴，让他们感觉自己足够被重视，自己足够与众不同。

所以，乔爷的第二个建议是：哪怕是销售信件，也要让顾客感受到足够的被关心。他尤其认为，销售员应该把销售信件写得像家书一样温暖，这样，你的信便能在大多数推销信件中脱颖而出。

时机同样很重要，所以在中国古文化中，天时位居第一。吉拉德本人从来不在1号和15号寄信，因为在这两天，大多数人会收到一大堆账单，看见信就烦。他会有意避开这些时间，选择顾客信件很少的时间寄信。一来，可以保证他的信第一时间被看到；二来，顾客没有对信件的反感，他的信件便更容易被拆看。不独汽车销售，任何其他工作或事务，都只有在靠谱的时间与靠谱的人协作，才有可能得到真正靠谱的结果。完美的工作方法也必然是天时、地利与人和的总和。

在乔爷看来，完成一笔账单的交易只是开始，在当今的商业世界中，不做好售后服务的人完全没有自我生存空间。正如IBM的巴克·罗杰所言："除非安装完毕，否则绝对卖不出去。除非卖出去，否则不可能安装完毕。"无论我们卖的是电脑、汽车、寿险还是股票，真正的关系始于成交之后。

业绩好坏的差别，不在于产品本身，服务品质才是主导因素。所以他认为，如果一个人能好好开发老客户，让他们随时记得你的存在，那么，他们在购买相关产品时会第一个想起你。

人们关心"自己的信件"

信件可能是你与潜在顾客及实际顾客保持联系的最重要的手段。但在今天，人们每天都会收到一大堆垃圾邮件。因此对信件的有效利用，便成了一个真正的挑战。我见过有些公寓楼下有一个大垃圾箱，就在住户信箱边上，供用户倾倒垃圾邮件。大部分邮件没有拆开就被扔掉了。

过去，汽车销售这里有一个基本规则——写信就能拉来生意。现在这一规律仍有意义，但要加几个字，即"让顾客读它"。因此在上一章，我建议在印制的传单上写上一行具有个性化的语言。如果你只能用看上去像垃圾邮件一样的统一印制信封，那么你最好在信封上写上私人留言。

一些销售员过去总是用制造商统一印制的信，但现在已基本上不给顾客发信了。他们认为这挺麻烦，但我可以证明，他们错了。

想一想，普通人每天下班后会说什么。他首先会说"嗨！亲爱的，今天过得怎样"，然后说"孩子们（或你母亲或小狗）怎么样"，接着他说，"有我的信吗？"

人人都是这么说的，这在一分钟之内就能想象出来。这就证明人们对许多来信仍很感兴趣。但他在意的是值得看的信，而不是等邮递员一走就被妻子扔掉的垃圾邮件。这种邮件，妻子甚至不向丈夫提及。

像家书一样的销售信

所以今天的考验是确保顾客读你的信，并有可能留着它。销售人员每年都寄出大量的圣诞卡。你知道人们收到后会怎么做。他们会打开它，谈论是谁寄的、议论它有多美、多不寻常或者多俗气。他们还会把圣诞卡放在壁炉台子上观赏，并展示给朋友们看。

但你一年只寄一次圣诞卡。除垃圾邮件外，如果你不再寄别的东西，你就被人忽略了，但我不会被人忽略。顾客会看我的信、谈论我的信，可能还会将我的信保存一阵子。

为什么？因为我会和顾客开玩笑。我的信从外表看不易看出是广告邮件，因此他们不会直接扔掉。我一年可向每位顾客发12封信。

每次信封的颜色都不一样，大小也不一样。这会引起顾客的兴趣。我不把店名写在发信人一栏上。顾客不知道里头是什么信。不要露底牌，这就像打扑克一样。顾客会急于想知道信的内容以及是谁来的信。我保证如果我给你写信，你一封都不会直接扔掉，必定全部拆看。我的信和真正的家信一样，正是你想收到的、使你好奇的信。

而且，当你拆看我寄来的信时，你不会感到自己被骗了。信中的内容不会叫你失望。你别理解错了，我不会在信中夹5美元。我只会写一封很亲切的劝诱销售信。这是一种软销售，但又是最好的销售信，因为你会拆看、谈论并记住它。

我一月的信是一张贺卡："新年快乐！我喜欢你。"卡上有与新年相吻合的美术图案，签名是梅诺里斯雪佛兰汽车经销店的乔·吉拉德。这就是我的销售信。我不会写"趁年底大清货买车吧"之类的话。我二月的信也是一张贺卡："情人节快乐！梅诺里斯雪佛兰汽车经销店的乔·吉拉德。"我三月的信还是张贺卡："圣帕特里克节快乐。"无论你是黑人、波兰人或是犹太人都没有关系。你仍会喜欢我的贺卡，并因我发了贺卡而喜欢我。我会在某个月给全体顾客发一张生日卡（"生日快乐！我喜欢你"）。如果正巧赶上你的生日，那算我幸运，而你会很开心。如果并没有赶上你的生日，你仍然会认为这是一张可爱的贺卡。

一个月中最好的时光

另外，我还非常小心的一点就是：不在寄账单的时候（即每月1日和15日）寄贺卡。每当我的贺卡寄到时，某位父亲回家后会问——"有信来吗"？家人会回答："有，乔·吉拉德又寄来了一张贺卡。"我的名字每年12次以令人愉快的方式出现在这一家中。每一个经常收到我信的人都知道我的名字以及我的职业。当他们想买车时，这几千人都会首先想到我的名字。不仅如此，当他们听说有哪个同事要买车时，他们大约也会建议对方买我的车。

他们之所以可能会建议对方买我的车，就是因为每个月都收到我的节日贺卡。还有一个更重要的原因是：我一年要向大部分人至少寄一套生意介绍人招募材料。

在下一章，我会全面介绍我的生意介绍人系统。我现在只是讲讲我这个有新奇名字的招募材料。它包括我的一沓子名片，及一张印刷的提醒信。信上说每当有人为我介绍汽车买主时，我在成交后即付他25美元。介绍人只需在我名片的后面签上名字，然后让买主拿着这张名片来找我即可。具体情况我后面会讲。

现在，我想再次强调：寄信仍是与潜在顾客联系的有效手段。但由于垃圾邮件的大量出现，你要确保自己的信能被收信人拆看，让他知道你是谁，记得你是做什么的。

我想，你看完以上文字后会想：当然，乔·吉拉德这样一个经商高手可以大谈设计专门的信封和贺卡，他能花得起钱。是这样，我能出得起钱。但是如果你不做点像我一样有效的事情，你也是吃不消的。

我是说，如果你用三等邮件的邮资寄发例行的广告信，那么人们会马上扔掉，因为你的邮件和垃圾邮件看上去没有两样。我不是说绝对没有人会拆看你的信，但这种希望的确很渺茫。当然，如果你的雇主承担全部费用，并让你寄信给顾客，那还有些价值。你的姓名将用橡皮章或不干胶印在或贴在信（贺卡）上，那倒还不错。我不想把话说得太重，但就用写信来联系潜在顾客来说，这是一个相当没有力量的方法。

如果你有一批值得联系的一流顾客，那么你和雇主为确保他们看你的信而多花的钱，就一定是值得的。如果没有别的原因，信封上可以不注明发信人，并按一等邮件寄出。尽管里面的信只是制造商统一印制的宣传品，至少人们会拆看你的信，并看到你的姓名，然后才扔进垃圾桶。这比不寄信要强——有些情况下是强许多，而且相关的费用是你的业务量和生意门类可以承受的。

老顾客就是最好的潜在新顾客

你为吸引你名单上最有价值的顾客（买过你的产品，并对双方关系感到满意）而付出的额外的努力和金钱是完全值得的。可能你卖的是收音机、电视机或其他家用电器，假设你在过去5年里向一批人中的每一个人都售出过几千美元的产品。我不是指只买半导体收音机的人，而是指买整套厨房设备或600美元彩电或700美元立体声音响的人。你当然为这些人开有一个名单。他们使你挣了很多钱。我知道人们隔好多年才买一次冰箱和灶具，这和汽车不一样。但是人们会经常买一些相关产品，如微波炉、民用电台、通过电视玩的电子游戏机等。如果你以一种令人愉快的方式不断提醒人们注意你的存在，那他们会来找你的。

也许你只有两三百名潜在顾客，那你买一些节日贺卡能花多少钱？霍尔马克公司等一些贺卡制造商为每个节日（包括我从没听说过的节日）都制作了贺卡，你只需有一个橡皮图章或印有你名字及店名的不干胶纸，即可入行经商了。你可以为写给一流顾客的贺卡亲自署名，你可以在送礼时节给他们寄贺卡——毕业愉快之类的贺卡。真的，进入贺卡店，你可以发现非常适用的贺卡。这些贺卡并不太贵，而且可以给人留下极好的印象。

如果你在家用电器、珠宝、成衣或旅游行业工作，那么在送礼时节寄一些贺卡可能并不太过分。但你不想显得太令人反感，那么你只需做一点小小的销售——"梅诺里斯雪佛兰汽车经销店的乔·吉拉德"。人们如果喜欢你说的话，就会把贺卡与你联系起来。他们甚至会喜欢你提醒的可送什么礼物给孩子（以庆祝孩子毕业、结婚），或是提醒他们注意母亲节等可以利用的节日。不要以为我不知道零售行业人员手中已有印好的贺卡。大部分人会把收到的垃圾邮件扔掉，但我是搞零售的，因此对收到的邮件我都看。我认为大家都应逐一拆看，但我强烈地建议你在贺卡个性化方面多做些工作，并多花点钱。因为这样才有效，销售词才可能被顾客看到。当顾客由于你寄的邮件而记住并喜欢你时，这等于你用自己的时间和金钱做了最好的投资。

你们中的一些人会说，汽车及地产销售员可以用邮件做销售，但我是向采购代理销售，而他们是另一种人。我仍然要说邮件是很有效的工具（如果用得恰当），可以使你的名字比竞争者更早地出现在潜在顾客面前。我认识的一名销售员为一个能源管理方面的新公司工作。由于该公司规模很小，付不起昂贵的广告费，于是这位销售员寄发了50份有创意的邮件，并拉到了30000美元的销售额。对于投资者来说，这是不错的回报。我目前所在的汽车经销店在我来之前的很长一段时间就用邮件拉生意，我只不过找到了一个用邮件拉生意的更好的办法。秘密在于你能搞得多么有创意和多么令人感兴趣。你用一点想象力即能想到可以用邮件做10多种事情。你可以寄一些有益的"生活小窍门"或是一些剪报，并附上短信："嗨，约翰，我想你可能对这个感兴趣——乔·吉拉德。"有的销售员会寄昂贵的个性化日历，这会使他的名字一年都立在顾客面前。我认识的另一个销售员在公文包中装了不少明信片，并在等约会或等飞机时给顾客写封私信。你注意一下，大公司每年要花几百万美元做宣传，目的就是让自己的名字被大众看到。我从大公司学到了东西，你也应该学到，因为我们与他们一样在做生意，只是规模没有那么大。

毕竟，事情的实质是：你的时间和金钱（无论是你的钱，还是由雇主支付一部分）都是有限的。所以你要对广告信函做投资，并期望它给你个人带来影响力。你不可能亲自拜访所有一流的潜在顾客。他们可能不喜欢你冒冒失失地前来拜访。但如你有效地利用了自己的时间和金钱去设计和投递吸引人的、个性化的广告邮件，你就有了仅次于最佳的效果：你使表达自己心意的邮件进入了他们的家，使他们记住你、喜欢你，并在合适的时候买你的产品。在销售行业我们就是要一直争取这种优质的、个性化的投资回报。

使顾客无时无刻——甚至在他自己家里——看到你的名字。

提示：人生无处不是满足彼此的交易

1. 每个人最重视的都是自己，所以你要获得重视，要像重视自己一样重视他人。

2. 互利是社会的本质，所以无论你销售什么，都让他们相信你能让他们满足自我需求。

3. 让他人在有某项需要时第一时间就想起你。

4. 做事不仅要找到方法，还要看准时机。

5. 任何时候，都不要忘记了250法则。

6. 别把自己当地球，你有多不喜欢谁也没法使他人间蒸发。

十　猎犬计划：发展你的业务介绍人

题注：人脉与关系的力量

对于任何一位想更有作为的人来说，一本白手起家的成功人士传记，既是最优秀的励志书，也是最有价值的奋斗指导。这类书，可以帮我们转变态度，激发我们努力奋斗的力量。这便是一直以来，励志书能大行其道的原因。一本书的最重要价值是作者能否既言之有物，又清晰完整地把自己用经验总结出的思想精髓表达出来。而我们的乔爷，世界上最伟大的销售员，做到了。

本章的主旨是：个人意志需借助外力方可执行，所以我们应该想办法维系好、发展好各种关系，即我们的人脉。如果说天时意味着择机而动，地利意味着在其位而谋其政，那么人和则意味着完美目标的实现靠的是人脉的力量。

人是社会性动物，从我们出生的那刻起，就注定了我们必须依赖各种关系才有可能生活下去，例如父母、兄弟姐妹、亲朋好友等。从一个家庭到一届政府，从一个民族到一个国家甚至全人类，都与我们构成了伦理上的关系，我们和需要的食物、阳光、水以及承载肉身的大地等，是自然社会的关系……佛说"无我"，即是指并无一个独立于各种关系之外的实体"我"，所谓的"我"，只不过是哲学上的一个用来进行模糊界限区分的绝对抽象概念，没了"我"赖以依存的各种关系，哪儿还有"我"的存在。所以一个人能获得多大的成功，全然看他能把各种关系利用到什么程度。一些自然性关系的把握，又多依赖于伦理关系。所以我们能多大程度地利用伦理关系，就能拥有多大程度的人脉力量。

世界上第一位年销售额超过10亿美元保费的寿险大师乔·甘道夫博士，在开始做销售的时候，曾经拜访一个成功人士，甘道夫问这位成功人士："请问您为什么能取得如此卓越的成就呢？"成功人士回答道："因为我真正理解并且一直在运用一句神奇的格言。"他好奇地问道："你能说给我听吗？"成功人士说："这句格言就是：我需要你的帮助！"甘道夫不解地问道："你需要他们帮助你什么呢？"成功人士回答道："每当我拜访我的客户时，都会向他们说：'我需要您的帮助，请您给我介绍3个朋友好吗？'很多人都会答应帮忙，因为这对他们来说，只是举手之劳。"甘道夫闻听此言如获至宝，按照那位成功人士的经验，不断地复制"3"的倍数，数年之后，他的客户群像滚雪球一样越来越多，通过真诚的交往和不懈的努力，他终于成为美国历史上第一位年销售额超过10亿美元的寿险大师。

中国人素来看不起有"背景"或"后台"的人，但却又想成为那样的人。实际上，所谓的背景和后台，其实也不过是人脉强大的代名词罢了。人脉并不可耻，谁都更愿意相信知根知底的人，可耻的是拿人脉作恶。凡人若想成功，无论在哪个国家都需要强大的人脉。

斯坦福研究中心曾经发表一份调查报告，结论指出：一个人赚的钱，12.5%来自知识，87.5%来自关系。这个数据是否令你震惊？

好莱坞流行一句话："一个人能否成功，不在于你知道什么（what you know），而是在于你认识谁（whom you know）。"卡耐基训练区负责人黑幼龙指出，这句话并不是叫人不要培养专业知识，而是强调："人脉是一个人通往财富、成功的入门票。"但人脉只能说明你认识对方，对方也认识你，只算是认识，人脉永远比关系低级，关系才是人脉的升华。至于怎么才能维系好、发展好自己的人脉与关系，乔爷告诉了我们四个方法：信守承诺、相信每个人都能帮上你的忙、懂得回报给了你实际帮助的人和吃亏就是占便宜。

其实，每个人都有一套积累人脉的方式，但是要有效率地提升人脉，必须成功销售你自己，这在很大程度上取决于你的"自信与沟通能力"。所以不要害怕被拒绝，要主动走出去与人交往。但一个有意思的地方是，在华人社会里，大家对一般聚会场合都有些害羞，不但会迟到，还尽量找认识的人交谈，甚至好朋友约好坐一桌，以免碰到陌生人。因此，尽管许多机会就在你身边，但我们总是平白让它流失。西方人则不同，出发前都会先吃点东西，并且提早到现场。因为那是他们认识更多陌生人的机会。而沟通能力其实就是了解别人的能力，包括了解别人的需要、渴望、能力与动机，并给予适当的反应。如何了解，自然倾听是了解别人最佳的方式。高阳说红顶商人胡雪岩的成功其实很简单，他会说话，更会听话，不管对方是如何言语无味，他都能一本正经，两眼注视，似乎听得极感兴味。但他也确实认真地听了，总能在紧要关头补充一两语，引申一两义，使得滔滔不绝者，有莫逆于心之快，自然觉得投机而成至交。至于沟通上还需要适时的赞美，让他人在你这儿得到最深的自我认同等方法，译者就不累赘细述了。卡耐基为自己写的墓志铭或可供当代人学习："这里躺着一个人，他懂得如何让比他聪明的人更开心。"

谁都需要帮助才能成功

没有人已经出色得不需要任何人帮忙。我会接受所有帮助，而且我会按价付费给提供帮助的人。我已经说过，我在给潜在顾客的直接信函上花了多少钱。尽管潜在顾客名单上有几千人，但他们是我一流的潜在顾客。这份名单不是花钱买来的，而是自己逐个地积累起的。我不依靠商业性邮购公司出售的潜在顾客名单。这是一个逐步积累的过程，所以我付得起与顾客联系的费用。因为广告信函能让顾客找我购车，这使我挣了很多钱，足够我继续用此方法扩大业务。

但如我所说，这是一种投资。这意味着在广告信函拉来生意之前，我要先付信函费的一部分。我的信除了向顾客传达一种有价值的善意外，还使我得到其他收益。我可以招到新的生意介绍人，而且我还提醒大家：我还在工作，并随时准备为了成交而付出介绍费。

也许你用的不是生意介绍人这个词，但无论你怎么称呼，这是指介绍他人来买我车的人。我每成交一辆车，就付给介绍人50美元，并非等到售出时才支付。因此，我付给介绍人的钱——去年约28000美元——不算一种投资。这笔钱不是预付的，它是销售成本。但在我的纳税等级段中以及在真正职业销售员的纳税等级段中，我为成交付的这50美元实际只用了25美元，因为另外的25美元已作为所得税交给了政府。许多汽车经销商只给生意介绍人付一半的介绍费。而我的汽车经销商不给我或任何销售员付介绍费，但我把50美元介绍费都付了——我付25美元，美国政府付25美元。

关于对生意介绍人的付费，我有一个严格的规定：我马上就付清，不会迟迟不付。我不会试图用技术原因赖掉这笔钱。假设一个人介绍某人拿着我的名片来买车，但忘了在名片后面签名，而且该顾客也没说是谁叫他来的。介绍人事后可能会打电话给我："你卖了一辆依姆帕拉（Impala）牌汽车给斯特林·琼斯之后怎么没寄钱给我呀？"我会说："对不起，你没有在名片后面签上名字，而琼斯也没说是你介绍的。那么今天下午来拿钱吧。但下次要记着在名片上写上名字，这样能早点付钱给你。"

信守诺言——他们会因此爱你

最重要的是：只要你告诉大家，每帮助成交一次就得能到50美元——你支付25美元，那就是对他们的一种承诺。如果你"骗了"他们，你就是个说谎者。如果你骗了250人，你会看到有什么情况发生？等一下，你会说，如果那家伙骗了你怎么办？如果他没有劝琼斯来买我的车怎么办？我的回答是，这种事也有，但很少发生。因为能当介绍人的人在我档案中几乎都有记录。如果真的有人骗了我25美元及美国政府的25美元，我仍然能从其他卖出的车挣到不错的佣金。如果那家伙把这事告诉别人，他可能会说我真是个不错的人，而那也至少值25美元。

我付钱这么痛快，并不是因为我特别喜欢把钱送人，而是因为不付钱给确有贡献者带来的风险太大。从概率来说，我宁肯错付50人，也不愿让1个确有贡献者拿不到钱。甚至是100∶1的概率，我也愿意。

我说过我去年向生意介绍人付了28000美元，这意味着介绍人帮我成交了约550辆车，即占我销售总额的约1/3。他们介绍来的生意使我挣了约150000美元的佣金，而我只付给他们28000美元。我认为这是挺公平的交易，尤其当你想到如果你不付介绍费，这550辆车大部分就不能成交。

我从哪里寻找介绍人？我能找到，你也能找到，我将详细介绍如何找到和留住介绍人。

每个人都能为你拓展生意

对我来说，寻找介绍人这个过程，源自于一个提问：在我认识的人中，谁愿意成功介绍一次就拿到50美元？我不认识洛克菲勒家族的任何人，但我认识一些很有钱的人，而我实在想不出有谁会不愿意拿我这50美元的介绍费。有一位富得流油的大脑外科医生收过我付的介绍费，另有几位牧师多次拿过我的介绍费。

当我卖出一辆车而顾客提车时，我会在他离去之际拿出一沓子名片，连同一张写有对介绍人付费的说明，一起放入他车中放手套的小格中。几天之后，他会收到我寄的致谢卡，以及另外的一沓名片。他现在已成为我的生意介绍人。他也在我的寄信名单上，所以每年至少要收到我一封信，而我在这封信中将附上介绍人招募材料，以提醒他我的付费说明仍然有效。

顾客感到满意了，显然就很容易为我介绍其他生意。如果他觉得和我成交得划算，那对他的朋友和亲戚而言，这也是划算的。这一道理适用于任何人。但是一旦我发现某人是个领导人物，是个一讲话其他人都听的人物，我就格外用心地和他做好这笔交易（降价），并把他发展成生意介绍人。

每当我认识一位工厂的负责人或本地工会主席，我就意识到他对手下人或其他工会官员很有影响力。他是具有政治影响力的人物，平时与很多人交谈，并希望大家喜欢他并投他的票。在某种程度上，他的地位与你我都一样：他是他所在领域的某种销售员，在销售他自己。而我们也要销售我们自己，无论我们的产品如何好，价格有多公道。

于是当我遇上这类人时，我就发现值得在他身上下功夫，因为如果我对他好，他就会努力帮我。如果他从我这儿买的车很便宜，他就会尽力帮我拉生意，因为他要尽力销售自己。他将努力使手下的支持者买到便宜的商品，于是他就会让支持者来我这儿享受我给他的好价格。如果这类事你做得适当，你就能产生极大的影响力。这就好像将自己的触角向几百个不同方向延伸一样。

有的人不愿意因为介绍生意而拿我的钱。由于许多原因，拿钱会使他们不安。在某些情况下，他们真的感谢我给了他们一个好价格，认为我够意思，并乐于介绍更多的人来买车。还真有几个人退回了我寄给他们的50美元支票。如果遇到这种情况，我会打电话给他们，并因他们的不安而道歉。但是你放心，这种情况很少见，因为这毕竟是50美元。

向介绍人支付现金也有一些问题。在某些地方，这是违犯法律的。我不是律师，所以我不知道这些法律的细节，但我确实知道在许多地方不能付现金，但是可以赠送礼物或提供免费服务。我不想建议你做犯法的事。如果你想拉住有效的生意介绍人但又不能付现金给他，你最好了解你在当地可以合法操作的事情。

在开发一个大型而有效的介绍人系统方面，必要的因素是使人觉得值得给你介绍他人来买车。我已发现：50美元或等值物是可以打动大部分人的最低水平。如果介绍费低于25美元，效果就相当差。但我不希望人们因为拿了介绍费而感到内疚。我希望他们感到受到了奖励而心存感激，而不是感到内疚。但人们总的说来并不感到内疚，所以这不是个大问题。

介绍人不要现金怎么办

如果介绍人表示不愿收现金，我就换个办法处理。介绍人所介绍的每一个成交后，我都会打电话向他表示感谢，并说50美元支票马上寄出。如果他说由于雇主的规定或其他原因不能接受现金，我就说我会另想办法谢他。我认识底特律一家挺不错的餐馆的负责人，我会请该餐馆给我的介绍人寄一张餐券，这样介绍人夫妇可作为我的客人到该餐厅吃一顿正餐。如果介绍人对这个办法也不喜欢，我会致信给他，并请他把车开来享受免费服务。

我介绍这些办法是为了帮你躲开法律或其他方面的麻烦，以解决不能以现金回报生意介绍人的问题。但总的来说，我把支票寄到对方家中都是没有问题的。

我现在发现在某些领域，以物质的方法奖励介绍人是不合职业道德的，但我们不能因此就不用介绍人。销售经理不断地告诉我，只要他们能说服销售员鼓励顾客为店里介绍生意，他们就能挣更多的钱。让我们说说这件事。当你鼓励顾客为店里介绍生意时，你实际是在帮他。道理是这样的：大部分人都喜欢帮助人，喜欢把有关好价格或遇到不错的销售员的消息讲给他人听。如果你对他们好，他们很乐于向朋友说起你。如果某个朋友也来买了你的东西，介绍人就有一种帮了朋友的良好感觉。另外，几乎每个人都感到需要偶尔自我炫耀一番。吹吹自己买的物美价廉的商品能满足这一需要。当一位朋友听他的建议也来购物时，就强化了他们对自身判断力的信心。说真的,你和我为我们喜欢的人——我们的医生、理发师和油漆匠——常做这种事。那么为什么不敢请他人帮你发展生意呢?你们双方都会受益。

让你的理发师时时谈起你

理发师是我喜欢的一类生意介绍人。他们与顾客老聊天——有些人认为聊得太多了。无论怎样,我该理发时我会去本地各理发店轮流理发。这样,我就可以在许多理发师中间做宣传,招募他们做介绍人并刺激他们的兴趣。

我与理发师刚开始交谈时,会先送他们一个小标牌,这是我在本地一家工艺厂定做的。它是一个画架卡片,上面写着:请向我询问本市最低的汽车价格。我把这个标牌送给理发师,解释我付给介绍人50美元费用的办法,并给他留下一沓子名片。这样一来,当有人看到那块标牌并提出询问时,他可以问对方想买什么车。如果对方说想买别克车,他手中就有别克车销售员的名片(或德国大众车、福特车等各型汽车销售员的名片)。我已让他进入生意圈了,只要他下功夫就能挣好多外快。而从这一生意中,我也得到一部分,或更多一点的收入。

如我所述,我对许多理发师都是这样做的。我和自己遇上的几乎任何人都做这种安排。我不是指我会把标牌给每一个人。迄今为止,我只把标牌给了理发师。但你会吃惊地发现谁会为了这50美元而为你工作。

例如,我们这个区有一家很大的制药公司,它雇了很多医生。该公司有好几名医生是我的生意介绍人,而他们是我全部生意介绍人中效率最高的。这些人的工资都很高(经常每人都有几辆汽车),其同事的工资也很高。他们经常与医院的医生和雇员交谈。不仅如此，他们还经常参加各种会议，并因此会遇上本行业的其他医生和雇员。由于这个行业庞大且富有，再加上医生也和其他人一样渴望挣钱，因此我又多了不少额外的成交机会。

我找生意介绍人的最重要的方法之一是通过银行、财务公司及信贷合作社。我是指批准发放汽车贷款的人，这些负责发放汽车贷款的人工资并不太高。事实上由于他们是搞金融的，而且把大笔钱贷给他人，因此他们的工资相当低。所以他们乐于从我这儿挣50美元的介绍费。

我注意寻找他们。我有时从支票上发现他们的名字，或从顾客买车时拿来的贷款批件上发现他们的名字。我在成交之后会打电话给银行或贷款办公室的那个人，说我刚卖了一辆蒙特卡洛（Monte Carlo）车给罗宾逊，能和他及他的机构做生意很令人愉快，等等。然后我会请他出去吃午餐。他在哪里上班都无所谓，我会说我刚好要去他公司附近办事。于是我们约在当地最棒的餐厅见面。为什么不呢？午餐花了我50美元或100美元又怎么样？这是商务支出（注：在美国个人所得税报税系统中，商务支出可以部分抵扣）。此外，如果我通过这顿午餐又卖掉一辆车，我又能挣一笔钱了。

当我在餐厅遇到他时，我会详细介绍我的打算。我提到每介绍一人来买车我即付25美元，只不过顾客要拿一张有他签名的名片。或者他也可以打电话给我，通知我又介绍了一个人过来。我告诉他我的营业额有多大，这样他就理解我有使顾客心满意足的能力。我会告诉他我通常可以比任何汽车经销店的价格都低。这经常使我有机会用压价来打败另一名汽车销售员。

事情是这样的：假设一名顾客拿着从某一经销商处买车的订单来到银行要求办一笔贷款。贷款审批员（他是我的生意介绍人）看看汽车的总价，然后会借故离开并到另一间屋子给我打电话。他告诉我是什么型号的车、有什么选装设备、价格是多少。我马上计算一下看我怎么能比那个价更低。我会努力提出一个比对方低50美元的价格。

假设我的价格能比对方低200美元，我就报给贷款审批员，告诉他我有可以马上成交的现车。于是，他告诉那名顾客我的车是同一型号，但价格低200美元。如果我的价格只比对方低100美元，顾客可能会认为不值得买我的车。因为他可能已付了20或30美元订金。但如果我的价格低200美元，他就可以不要那笔订金了。贷款审批员为我介绍一个顾客能拿到50美元，因此他会尽力鼓励顾客买我的车，他会说我是一个可靠的汽车销售员等。

我与贷款审批员谈完后，便在我们车库里找了一辆车，与顾客想买的车尽可能地一样，或者完全一样（如果我们有的话），或者我会马上去另一汽车经销商处找来一辆。我会安排人把车子洗一下，并准备好交车。我知道当顾客来时，应该已经把贷款办好了。

我把贷款审批员发展成我的生意介绍人，其实使他能为我介绍我用其他方式不可能得到的生意。这笔生意本来是另一个销售员的，但经过他的帮助，被我夺了过来。他帮助了办理贷款的顾客，使其省了200美元。他本人挣了50美元，而且他帮我成交了本来不可能成交的一辆车。虽然我要付介绍费并给顾客折扣，我仍能挣到一些佣金。即使我只挣100美元，这100美元也是我以其他方式赚不来的。

这是随手就拿来的钱，好像从天上掉到我的口袋中。你想想这个道理吧。想想我是怎样为自己多挣了一点钱。想想你在自己生意中如何能做类似的事。

我还以其他方式及在其他地点找到我的生意介绍人。当我去加油时，我会与加油站的人聊聊，尤其是如果他们还有修车业务的话。修车工会看到大量需要更换的车。当一名车主发现自己的车需大范围修理——比如大约要花1000美元时，他几乎就会想买新车了。如果这名车主说先不修时，他可能已经开始设想另买新车了。这时候修车工只要说一两句话，这个车主可能就会拿着我的名片来找我买车了。如果车主不想马上修车，修车工也没损失什么。如果他介绍车主来找我买车，他立刻就挣得了50美元，而这是靠其他方式挣不到的。

说到介绍生意，最好的来源之一是拖车行和车身修整店。他们会看到大批已经彻底撞坏、不可能再修复的车。那些车主肯定要买新车，而且会从保险公司得到理赔金。那些在保险公司事故理赔部和销售部工作的人亦适合当我的生意介绍人，因为他们也了解有关汽车事故的情况。我努力和所有这些职业的人联系，因为他们肯定能给我带来生意。

与介绍人维持关系

在你认识了他们，说明你的介绍费支付办法，并留下你的名片之后，你还要与他们保持联系。在生意有些清淡及有空闲的时候，我会查阅我的生意介绍人档案，看谁一直没有给我介绍生意。然后我会拜访他，聊一聊，并了解最近一直没有介绍生意的原因。他们可能只是把这事忘记了。如果他们刚当上我的生意介绍人，就可能尚无建议他人买我汽车的习惯。

有些介绍人总能介绍潜在顾客过来找我，因为机会一出现，他们就能察觉到。其他一些介绍人需要我在介绍初期（甚至很长时间内）推动他们一下。这需要养成适时反应、有机会就挣50美元的习惯，但有人容易养成习惯，有人则困难。每个人都要培养新的习惯。我在过了一段时间后即能感觉到，也可以马上看出谁能为我介绍来生意。

我一直在寻找生意介绍人，因为我已学会无论自己在哪里，都要一直寻找。我下班后会去健身俱乐部锻炼一会儿。这时我总要向更衣室服务员及男按摩师介绍我的职业，并给他们一些我的名片。我不把这个看成大事，而且有时没有介绍人帮忙我也能在健身俱乐部会员中拉到生意。但你一直要注意有没有机会出现，而有时机会会在你没有预料的时候出现。

请考虑这样一种机会：有一天我接到一个人的电话，他希望我就某一型号的车给报个价。销售员对这类电话的应对办法五花八门。我通常马上就报出价格。有的销售员会报个很低的价，以便把对方吸引到店里来，尽管这个价格肯定是不行的。我们称这为"承认有罪，以求轻判"。有些销售员称这为"虚报低价"。这种做法是想使对方不到其他经销店去问价，等顾客进店之后，销售员会尽力劝他买另一型号的车、换一些选装设备等。如果不行，销售员会说销售经理不批准这个价格，以迫使对方同意涨一点价。

我不赞同以上的做法，其他正规的销售员也不会赞同。这不是好生意，因为顾客感到被欺骗了，即使他买了你的车。如果他不买，那说明他把你看成了骗子。这意味着他至少会告诉250人不要相信你。

当我接到电话时，我会给对方一个合理的价格。我们将在另一章讨论价格的浮动范围。现在你就相信我说的好了：一个销售员向潜在顾客报出的价格可以相差很大，因为车型有几十种，有各种选装设备，还有其他因素。因此产品可以有几百乃至几千种组合，价格也各不相同。

很显然，当我接到这种电话时，我想给对方一个能把他吸引到店里来的价格。如果他说不想装空调、镁合金轮毂、组合收音机、CD播放器等汽车音响，我就报给他一个不装这些设备的价格。我甚至不想和他讨论要额外收费的项目，因为我想报一个又低又合理并使我能成交的价格。

我还想与对方多聊一会，以了解他是否在到处问价，并弄清楚他的工作是什么，这样我即可判断为他安排贷款是困难还是容易。我还想了解，以利润很低或亏本的价格与他成交，对我及我的经销商有多少价值。

失小便宜，得大生意

我的意思：如果潜在客户值得我亏本卖车，我可能愿意放弃我在一笔交易中的全部佣金，甚至掏钱补偿我的经销商。以这位打电话来问车价的人为例，他告诉我他希望车上有什么设备，我发现他已向其他经销商询价了，他把得到的最低价告诉了我。我知道如果我的价比那个价更低，我就要掏钱补亏。

我和我的经销商有个协议：如果某顾客很重要，应该亏本出售，我先要征得他同意，然后要自己掏钱弥补他的损失。

这种情况我不希望经常碰到。我喜欢在卖车的时候既交朋友又赚钱。但有时某个顾客非常重要，亏本卖车对我也有价值，而且经销商也愿意不拿利润，至少他收回了成本，减少了库存。但我必须给他一个理由表明无法马上拿到利润。

这是一个很典型的例子——这种事可不常见——打电话来的人是一家很大的雪佛兰汽车零件厂的工会主席。这意味着他对一大批有车并主要买雪佛兰汽车的人有极大的影响力。这些人买雪佛兰汽车有很多明显的理由，其中之一是如果开其他品牌的车停放到该汽车厂的停车场，有时就会受人欺负。这令人不愉快，但的确是这一行中有时会出现的现象。所以这个家伙来电话时已拿到一个很低的报价。我跟他说"你的价格太棒了"，他也知道这一点。然后我一面请他等一下，一面与经理讨论报一个亏本价的可能。经理同意了，于是我报了比经销商成本低50美元的价格。当他听到我的报价时，他知道这是空前最低的价了，因为他了解内情并可能理解我要亏本。他来到店里后，由于我不可能说服他为一些小项目增加费用，也不能把价格和利润再提高一点，于是就让他按我报的价把汽车开走了。而我就给了经销商50美元。

现在情况怎么样？我以50美元的代价（不算我损失的交易佣金）拉到了一个生意介绍人。他会到处讲自己买到了便宜车、到处（在工会、工厂、邻里之间）帮我和我的经销商拉生意，在打保龄球（及玩游艇等休闲场合）时也会和别人谈论我。

当然，他开着新车离去时，也带走了我的一沓子名片及招募介绍人的材料。但即使没有这些，他也会介绍很多人来买我和经销商的车，其利润足以抵偿我们因他而损失的金钱。

由于许多人会夸耀自己买的车便宜，他的听众可能不认为自己也能买到和他一样便宜的车。我向你保证：其他人都买不到那样便宜的车。我的经销商有权拿到应有的利润，而我有权拿到应有的佣金。我们经商不是为了把商品白白送人。但有时候，亏本卖出是促进销量和利润的最好办法。

只要我得到这名顾客介绍来的一笔普通生意，就能弥补向他卖车的损失，还会有盈余。我的经销商也是一样。在我种下那一颗50美元的种子之后，可能有十多笔新生意会因此被介绍到我这里。要知道，那50美元是我报税时要刨掉的商务支出，所以实际上我只掏了25美元。

警察、县治安员及消防员经常会向你销售他们搞的活动的门票，邮递员有时也搞社交活动。我相信你出于很多原因不会拒绝这些人的销售，尤其如果你是个商人。我发现这些人当生意介绍人会很出色，所以我一有机会就买他们的门票，并拿出一沓子名片给他们，还和他们讲我的"50美元介绍费"政策。对学生社团也是一样。当他们来销售社团活动节目单上的广告时，我总会买一个广告。但我的广告词不是"朋友致意"，而总是类似于"梅诺里斯雪佛兰汽车经销店的乔·吉拉德致以最良好的祝愿"。我会塞一沓子名片给来销售广告的人。如果有时间，我就去参加这类活动，因为我可以见到更多人并介绍我的职业。我知道很多其他人（包括牙医及保险销售员）也这么做。但这一现象只证明它是一个扩大生意的好办法。

凡每天工作时与人说话多的人，都可以当生意介绍人。要记着那些向来挣钱不多的人（如银行里的贷款审批员），他们不仅工资低，而且很少有机会参加午餐会及收到礼品。因此我一直注意邀请这些人出去吃午餐。他们会清楚地记着这事。如果你在他们平时消费不起的地方请他们吃饭，并为他们每人花20美元—30美元（可以抵税），那对他们就是了不起的事了。我还为他们做其他的一些事。在去见他们之前，我会在汽车后备厢放一瓶皇冠威士忌酒。这种酒在底特律被人视为名牌酒之一。当我们双方分别前，我会拿出这瓶酒对他说："哈里，这是别人送我的酒，但我喝不惯加拿大威士忌酒，所以如果你不介意就送你吧。"当然经过我的劝说他才收下了酒。每当他倒这瓶酒喝的时候，他都会想起我、我的职业及我为他能做什么。

我曾听到其他销售员刚开始利用介绍人时对他们的抱怨。一个家伙对我说："我一个月前就开始撒名片了，但他们一个顾客也没介绍给我。"我的回答总是一样的：要耐心点，你刚撒了种子，要一直撒种，大丰收还在后面呢。我去年通过介绍人就卖了550辆车。许多销售员一年能卖这么多车就很高兴了。我不知道在我的顾客中，有多少是由于我撒出去的名片而经人介绍来找我的。如果你不断地撒名片，这个介绍链就永无穷尽，而成本几乎是零，因为这些生意都是额外得来的。

付50美元可以让你赚好几百美元，但你真的必须先花钱后赚钱。

提示：发展自己的关系

1. 先付出后得到，会花钱才能赚钱。
2. 完成对他人的承诺，让他人信任你。
3. 随时随地思考和工作有关的一切，从别人的兴趣里寻找自己的目标。
4. 身边的每个人，都可以和你发生业务关系，只是方式不同而已。
5. 制定几条理性要求随身带在身边，作为自己为人处世的准则和底线。

十一　执行最重要

题注：以结果为导向，做一个有强大执行力的人

任何一种成功都离不开强大的执行力，除远大的目标、良好的心态、坚持不懈的努力外，强大的执行力更是渴望成功的人必须要拥有的珍贵能力。这是因为只有落到实处的执行，才能有实实在在的结果。

在本章中，乔爷想要告诉我们的是：一种方法、一种理念，如果最终它没达到自己设定的目标或者一个满意的结果，不管它的过程多么完美，你执行有多么坚定，它都毫无意义。以结果为导向，落实才是你唯一目标。

不必责备人类结果至上论的功利，如果动物们寻找食物的努力没有相应的结果——比如英国BBC纪录片中的北极熊，由于极地苦寒，它们常常要付出极为艰辛的努力再加上运气，才有可能成功获得一顿美餐——那么，无论它们为寻找食物付出了多大的代价，只要它没有捕获食物，它就只能挨饿，甚至是饿死，上天不会怜悯它们的奔波。如果被虎狼追捕的动物的逃生努力没有得到相应的结果，无论它跑了多远，只要没能逃出生天，它就只能沦为虎狼的食物。倘若一家企业，每个人都极努力地完成了过程，但却没有什么执行结果，那么我们可以想见，这些企业只能面临关门的命运。虽然付出努力非常重要，但更重要的是让付出的努力有结果。

所以，联想集团在1984年就确定了一个核心理念："不重过程重结果，不重苦劳重功劳。"20年后，史玉柱为黄金搭档和"征途"团队提出的理念是："只认功劳，不认苦劳。"这个理念看起来比联想集团的理念更简单、更彻底。这种不谋而合的经营理念告诉我们：时代在变、企业的经营策略和管理方式也在变，而唯一不变的是对结果和业绩的日益重视。

我们常说失败是成功之母，其实成功也是下一次成功之母。及时总结成绩中的经验，能为部署下一步的工作和应对下一次挑战提供帮助。所以，有一条重要的精神理念，我们不得不重视，那就是"以结果为导向，做一个有强大执行力的人"。

以结果为导向，意味着我们要对结果负责。对结果负责的人，就是对自己负责的人，同时也是对他人负责的人。没有一个成功人士不是执行力强的人，而他们都有一个共同点：对自己负责，对责任负责，对结果负责！很多时候，宁愿要80分的结果，也不要100分的期待。

其实，战略、方法可以复制，人与人之间的最大差别就在于执行，没有执行力就没有企业的竞争力，没有执行力就没有所谓的结果，没有执行力，就没有真正意义上的责任。执行力不仅是企业成功的法宝，也是个人在工作、学习和生活中实现成功的关键。从某种意义上讲，执行力也是个人生活中少不了的生活态度。这就像睡觉一样，躺在床上没有价值，睡着了才有价值。失眠不仅没价值，而且还是一种病。如果我们在自己的工作中只是为了完成步骤而不追求结果，那就和睡觉失眠一样，不仅没有价值，还有更多其他因失眠导致的负面作用。所以，我们对结果负责，是对工作的价值负责；对执行力的负责，便是对责任的负责。可惜的是，人本性中都有逃避责任的自然倾向，这本无可厚非，但我们若想进步，就必须通过承担责任的磨炼。因此，责任来临的时候，请背负起责任，千万别逃避，要对自己负责、对结果负责。因为任何伟大的人生，都是每天结果的累加。没有每天的付出，就没有伟大的结果。人生价值，完全掌握在你的手中！

但是，我们中的很多人是属驴子的，只能抽一鞭子跑三步，抽两鞭子跑六步，一步不多，一步不少，你不抽他就混，等着你发工资。你抽了他倒能认真踏实地按你的指令干，至于结果才不是他关心的。这种人多半是工作目的性不强的人，他们只对自己的工作有一点模糊的认知。比如，一个销售汽车的，他会等着自己的轮次到了，才去招呼顾客。工作目的只是为了领点工资混活命，他并不指望在工作中有更多的建树，也不知道自己的人生还需要实现什么，只等着天上忽然掉下个馅饼改变命运。像这类人，我的建议是，你要弄清楚自己的人生目标，然后结合当下的工作，重新调整心态。机会只会让目标最明确、执行力最强的人抓住。游戏人生的人，通常被人生游戏，还是活得认真点儿好。

本章中，乔爷为我们提供了落实执行的几种方法，同时，我们要从没有获得预期结果的失误中学习，找出执行了却没有结果的主要原因，这样，我们才能够解决这些问题。

落实你的计划才能成功

销售训练中最老套的口号之一（你过去常听到，现在可能仍会听到）就是"工作要计划，计划要落实"，这个口号我已至少听过100遍了。我保证我这一行中上了点年纪的人也至少听过100遍。在过去大家都拿这句话开玩笑。

告诉你我在这一行打拼多年的一点心得：这个口号是你能听到的最好的忠告。

口号的麻烦在于它难以捉摸又被常常提起，以至于失去了意义。但从本质上来看，它仍是你能听到的最好的忠告。它有两个含义：一是你应掌握自己及自己的事，这是指你不能靠一系列偶然事件（即当你排在销售员的队头时，一个顾客偶然走进店来）来工作；二是如果你判断哪些行动是应该有的，并采取了相应的行动，它们就会为你带来生意。

我已经谈过名片、直投邮件、生意介绍人及打电话等销售策略，而对最直接的销售并没说多少。比如，我很少提到面对潜在顾客时你应说些什么。我会在后面几章详细介绍这一点。但如果你只看到本章为止，并按我前面介绍的去做，你的销售业绩也将大大提升。其中最重要的原因是，你会吸引许多人进店专门找你，或有更多潜在顾客会用电话联系你。而且，即使你的介绍及成交能力只是中等或中等以下，你的业绩也一定比以往任何时候要好得多。

让更多人自动上门找你

要记住，我们一直在说播种及收获、填满及腾空菲利斯摩天轮的座位，我们一直在谈生意的机会及概率。如果你在面对面销售方面的表现仍像以前一样，那你谈的顾客越多，成交量就越大。这一点毋庸置疑。我们现在谈的是数量，如果每天有多一倍的人来和你谈生意，你的销量也将比过去多一倍。如果你通常能与一半的顾客成交，也就是说每天来2位顾客你就能成交1位，这是基本的算术，不用高中文凭也能看清这一点。让我们算一笔账：如果现在你每天吸引4名顾客，并像以往那样销售，那么你可以与2人成交。这时你一天成交2笔生意，就比以前的销售量增加了一倍。

你以为我在开玩笑？其实我是非常认真的。请停下来想一想：你经常什么也不做，就干等着顾客进店或等一个电话给你带来生意。直到现在，你可能依然认为事情就该是这样。你可能以为自己的业绩只能如此，除非撞上大运。当一切进展顺利，顾客很多，而且每个顾客的购买量比以前多一倍时，你可能会感到十分兴奋。你说："哇！我要是能一直保持这样的业绩就好了。"

让我告诉你：你可以把好光景保持下去，你肯定可以吸引更多的顾客来找你。即使他们的购买数量和间隔与以前一样，你也会一直显得兴奋（与你通常的沉稳相比）。如何提高你的"命中率"是另一个话题，这个我们会在后面讲到。

但是如果你不能把第一部分搞好，即吸引更多人进店来找你，那一切都是空谈。要做到这一点，就要回到那句老口号上去——工作要计划，计划要落实——并赶快做！

干得多，也要干得巧

我不是在开玩笑，我的意思是要干好业务就要明白每天都要干什么。我是说你必须（不是应该）每天早上用点时间决定当天要干什么，然后你必须完成当天的工作。不要误解我，我不是在这儿宣讲勤劳工作的光荣。我不大相信勤劳工作，我更相信优质、聪明、有实效的工作。

我每天早上都要决定当天干什么。我会首先查查约会记录本，看当天有何约会。可能是与财务公司贷款员共进午餐，可能是约了一个顾客来看新车。采用多种方式整理已成交顾客的档案是大有裨益的，你可以按字母顺序排，以便按名字查找；亦可按日期排，把昨天刚成交的顾客排在最后。这样你就可以从开始查起，并知道谁该买新车了。当我空闲时，我会给这些顾客打电话，提醒他们可以来谈谈买新车的事。当新型车到货时，我会给不少顾客打电话。如果我前不久刚打了一批电话，我本子上就会列出一批约会，几乎可以排一个月，这是因为我会尽力与顾客约定一个时间。我不会只说："萨姆，新车到了，希望你过来看看。"我会直率地说："萨姆，今天下午过来吧，4点怎么样？"如果他来不了，他必须给我一个确定的日子，然后我就知道他必然会来，于是我就马上在约会记录本上记下来。我记忆力还不坏，但我更相信记录本。

好了，我查了约会记录，发现下午有个约会。很显然，我无法预计谁会突然来找我。但每天总会有点空闲时间，而我想再多做点事情，以吸引更多的人到店里来。

由于我的直投邮件计划太大，我现在已无法独自应付了，所以我雇人帮我做这项工作。但以前工作量不大时，我都亲自干，每天上午我都会寄一批信，我通常是在接待顾客的间歇去寄信。这时候，写寄信地址和姓名是最安全的事了。当轮到你接待时，你随时可以放下手边的工作，专心接待进来的顾客。如果你正在打电话，就只好告诉对方"待会儿再打过去"。但应尽力避免这种情况。

当没有接待时，我会写信或打电话，或者在其他房间与人联络感情。比如我可能在维修部（我在下文将解释与该部门的关系有多重要），或者在楼上与办公室的人洽谈。行政部门也很重要，它对顾客的整体满意度起很大的作用。

宁可损失一天，也别损失250名顾客

我想说说我的工作时间表。如果我早上起床后因某种原因感到情绪糟糕，而且无法摆脱，我可能会决定请假一天。我会看看窗外，如果天气好我就去划船。这种情况很少，一年会有一两次。我不建议你经常请假，但有时你知道即使上班也是白搭。如果你情绪糟糕地去上班，可能会犯一个严重的错误，或与某个人吵一架，而这会让你损失250名潜在的顾客。

所以，如果你早上起床后真的感到抑郁，那么请假或许更好。你可以取消约会，然后去打高尔夫球、看电影、看赛马，反正是以某个方式让自己开心。我不是说好好工作、赚钱以及让顾客满意就不会叫你开心。但如果你确信自己当天上午、下午或全天都无心工作，那就请假好了。因为你不想把任何不满带到工作场所。这些不满会像传染病一样蔓延。

如果你那些不良情绪的持续时间超过一天，那我就不能帮你解决了。如果它们只是偶尔出现一次，你可以计划一下这一天就干点儿别的事，但你要确定自己不快乐的原因不是前一天工作没做好。因为如果这就是你不快乐的原因，那我认为最好的治疗办法就是：带着改进工作的计划和决心去上班。

如果某一天过得不顺，你就会产生一种失落消极的感觉。有一个很有用的办法可以克服这种感觉，那就是自省：回顾这一天的情况，弄明白当天的不利情况为什么会发生，并且找到避免的办法。我每天下班时都会回顾一下当天的情况，我会仔细回想自己谈成或没谈成的每一笔交易。是的，我不可能每接待一个顾客就能成交。我尽量保持一个成交百分比，你也应该这么做。在我每天接待的顾客中大约只有一半能与

我成交。这通常意味着我一天至少要见10个人，才能与其中的5个人成交。近几年我平均每天可卖5辆车以上。这不是因为我有较高的"命中率"，而是因为我见的潜在顾客比较多。

我会回忆当天与顾客的每一次交流：我对那个家伙说的哪句话使他下定了购买的决心？为什么那个底特律东区的家伙不想成交？他是在到处问价以此为乐吗？这么想是不是掩盖了我犯的错误？

我逐一分析时，如果自认为没犯什么错误，我可能会打电话给那个没有成交的顾客。我会告诉他我是谁，以及为什么要打电话给他。人们通常都愿意帮你，我会对他说我在努力学习如何改进业务，并努力从我自己的错误中汲取教训。对方一般都说自己一直开福特车或普利茅斯车，但现在也想了解一下雪佛兰车有什么特点。这可能意味着面对其他品牌的竞争，我的产品销售还不充分。或者对方会告诉我他在别处获得了更好的价格。如果是这样，我就会问他一些细致的问题，比如具体配置是什么，旧车折价多少钱等。对报价有一些决定权的销售员有时太贪心，他们不愿承认价钱再降一点或添点小玩意儿就能成交。

顺便说一句，每天的自省自察并不是我的创意。历史上的众多最伟大、最成功的人也有这个习惯，并认为他们的成功相当一部分要归于这个习惯。我知道虽然每天的自省要花点时间，但我已得到丰厚的报偿。你想要一个很好的忠告吗？试试自省。

我总是试图将自己对某个顾客的判断——尤其是没能成交的那些顾客——与他说的不能成交的原因做一个比较。人们常常以为他很了解自己的情感及反应，但事实上并非如此。要了解自己首先就要明白你的观察角度与对方的观察角度不同。

这是因为你没有站在对方的立场上看问题。当你能缩小甚至是最后消除双方意见的差距，你在这次战争中的胜利就到来了。你希望双方意见一致，而这意味着你应该随机应变使双方意见趋于一致，不论采用什么办法。

搞清楚为什么没有成交

我想知道每次成交的失败都是为什么，我不认为对方"我只是随便看看"的态度是不能成交的原因。因为如果对方大老远跑到我这儿来看车，并占用了我的时间，那么他就是想要买车的。我只想搞明白自己为什么不能让他掏钱买车，这笔生意为什么没有成交。

我认为以下规律在汽车销售这一行中有95%是起作用的，而在其他销售行业也基本如此：如果某人进了店但声称"只是看看"，那表明他已经很有兴趣了，你基本上可以与他成交。如果你每次都让他"只是看看"，你的销售业绩就无法上去。如果你试图说服他但没有成功，那也不要认为是因为他"只是看看"的态度。要分析你和他交流时的表现，并努力发现自己在哪个环节没能说服对方。

这听上去不是积极思维而是消极思维，但事实上恰恰相反。我们可以这么理解：你在进行最积极的思维，因为你认为自己有能力向每一个进店的人成功地完成销售。当然从实际来看，无人能做到这一点。但它仍是一个应该树立的、很有效的态度。它鼓励你分析每一次没有成功的交易，以明白自己为什么没有成功，从而在下次遇到同样的情况时能纠正自己的错误。

要记住：如果对方说"只是看看"，那他实际是在说他怕你，怕你有能力说服他购物——即使他是真的想购买。我把销售比作战争、比赛和对抗，但我并不是说你在销售时真要打一仗。即使双方角斗一场也不能使顾客克服恐惧。面对顾客时，你最有效的做法可能是"让他"轻松自由，而不是"逼他"就范。具体意思就是让他随意看，随意说，干什么都行。因为如果他感到自由——甚至可以自由地走出店去——他就可以克服最初的恐惧，而这正是你想要的结果。

我听人说过：任何像我这样卖那么多车的人一定是个完全高压式的销售员。我认为，高压式的销售员会试图逼迫顾客购买，但我要让顾客轻松地购买。我认为成交时最重要的决定因素是，潜在顾客是否喜欢和信任我。如果不能使潜在顾客喜欢和信任我，那十有八九我无法成交。让别人喜欢你是很难的，但却不是不可能的。我感到是以下宗旨帮助我成为世界最佳的汽车销售员，而如果你想靠销售赚钱，那你也应当树立这一宗旨：让顾客感到轻松自由，而不是感觉你在逼迫他购买。

对自己态度的计划，是每天销售日程的一部分。如果你情绪不高，你通常仍要去上班。这时你要控制自己的消极情绪，并勇敢地应对它，即使你不能克服它。这样当有顾客进店或打来电话时，你就能把自己的消极情绪先放在一边。如果你不能控制自己的坏情绪，就必定给本来就对你心存疑虑的顾客带来负面影响。

当我晚上回忆当天的工作情况时，我发现我对自己的言行能完全回忆起来。当我确信自己当天已尽了全力去促成交易（但顾客会说"我还会回来"之类的话并离店而去）后，我才能入睡。要记住，对那些说"我还会回来"的顾客，在他离去之后就最好忘掉他。我自认为我很善于判断顾客的心思并吸引住他们，但当我听到一个顾客说"我还会回来"时，我估计他再也不会回来了。有时候这类顾客会回来，因为有些人是不说假话的。但如果你指望这类顾客会在以后给你带来一部分收入，那你就是一个自欺欺人的业余商人了。

我发现了一件事——没有人愿意承认此事——那就是顾客虽与你

无法成交，但可能与其他销售员成交。许多店家都要求一旦某销售员与顾客无法成交，他就让另一名销售员来与顾客谈判，然后才能放顾客离去。我喜欢被别人认为是最棒的，但没有人是十全十美的，所以有时不妨以不使顾客反感的方式另找一个销售员来谈判。我们不希望顾客认为他自己受到了压力。

我有一阵子曾与店里的销售员约定：如果他们与某个顾客无法成交，那我愿与这名顾客谈谈，并且我会为此付他们10美元。我不可能与这批顾客中的每一个人都成交，但我确实与其中一部分顾客成交了。后来我终止了这种做法，因为我每成交一次就可以拿到佣金，而其他销售员只能拿到10美元，所以他们感到不快。他们不认为我掏了10美元就对一名顾客（虽然这名顾客已被他们放弃）拥有全部权利，他们想和我分享佣金，于是我终止了这种操作。所以我建议如果你想尝试类似的做法，你要确保每个人都事先理解相关的条件。但我也建议你尝试一下我这种做法，因为拿别人已无法成交的顾客来锻炼你的销售技术，那是再好不过的练习了。当你把不想买车的人变成愿意买车的人时，那种成功的感觉是最棒的。

在某种程度上，这是对你技能最好的测试之一。如果你愿意试一下，你一定要首先了解店里同事的销售方法和技巧，这样一来你就可以试试与他人不同的销售方法。对那位想离店而去的顾客做同样的事，或说同样的话，是没有意义的。你应该以不同的方式接近那位顾客。当然，有时你也不妨直率地问他：你有何想看或需要看的东西还没看到。你并不想贬低你的同事，但如果你问这样一个问题，对方就会知道你想帮助他，这样他就会放松戒备并软化立场。

销售员最重要的事是把顾客吸引到店里，使自己能面对他们。要把顾客吸引到店里来就需要制订计划，而制订计划就需要做许多决定。例如谁是你最好的潜在顾客,怎样最有效、最经济地联系他们等。你必须决定吸引一个潜在顾客的成本是多少,他来了之后有何潜在的价值。而你有多少时间决定了成本和价值的大小。如果你有大量的空闲时间并有良好的电话销售技巧,那么最经济的做法可能是给老顾客和那些说了会再回来的顾客打电话。当然这有一个前提,你在那些顾客离开前记下了他们的姓名、地址和联系方法。

打电话可能对你很有效果,但每个电话及每个顾客耗时太多。如果你没有太多时间,可以寄一些邮件。当你在大厅等顾客时,写信是你可以做的最有益的事情。因为一旦顾客进来,你就可以中断写信。大部分销售员几乎每天都会碰到无法预料的事,所以你不可能把一切都计划得很完美。当更有成效的事情出现时,你应准备好修改计划。

你有了计划就可以使自己一直有事做,并使顾客能陆续到来,因此计划的价值是显而易见的。即使你需要修改计划,计划依然对你大有帮助。如果我早上进大厅时准确地知道自己当天想干什么,那这本身就比等着瞧的态度能更有效地激励我。

别人可能告诉过你:可以对着镜子自言自语若干次,从而振奋精神并抛开消极念头。如果这若干句话对你是有效的,我当然不会加以挑剔。但从我的经验看,帮我达成当天第一笔交易的仍是我早上订的计划,而不是什么语句。因为我早上离家时,有一件事是确定的:我知道我要去哪里以及我要干什么。至于我一旦走进办公室后整个事情是否会变化,这已无足轻重。因为我来时就有了动力和自信:我来上班是有重要原因的,而这是对你的工作制订计划的最重要原因——既使你不能完成计划的每一个细节。

正是你给自己的第一个推动使你离第一次成交更为接近。我不用告诉专业销售员每天第一次成交有多重要,你不知道第一次成交的感觉有多好，它使你感到自己在正确的时间和地点加入了正确的行业。

每天就你的工作制订出计划，并尽力实现它，这可能是一个陈旧而老套的口号。但我认为我已表明这一口号对我们大家仍然具有很大的价值。然后，你每天下班后要回想一下全天做的事，以检查自己的计划有多好以及多么贴近实际。如果你一直不能完成指标，你也不要自责，你的问题可能是想干成太多的事。我不是想让任何人都摆脱责任，我们大家很多时间都在很勤奋地工作，但问题正如我所说的，不是我们工作有多努力，而是工作做得有多好。如果你计划打10个电话但只打了5个，那你对另5个电话的计划实现了吗？当你回顾全天工作时，即应问自己这一类问题。

正是这类提问才让你真的知道：你作为专业人员的动力和有效性如何。

工作要计划，计划要落实，赶快做！

提示：赢在执行

1. 向自己保证，你会尽一切努力把自己的计划执行下去。
2. 随身携带计划，这是你与自己签订的契约。
3. 如果你发现有什么不可抗力因素导致计划无法执行，要弄明白是哪一个环节没有做到位，视情况修改计划。
4. 开个好头，这样才有信心继续执行下去。
5. 每天检视自己的执行结果，及时总结反省。

十二　诚实为本

题注：知行合一方有妙果

很明显，在多数社会交往中，人们说谎，都是因为对自己有利，因为谎言可以帮助他们避免窘迫、尴尬、内疚、不便，或能帮助说谎者获得他人认同或现实利益。当然，有25%的谎言是对别人有利的，目的是为了保护对方的感情或增加对方的获益。

英国加味伏特加品牌WKD在英国举办了一个关于"说谎"的调查。排名第一的谎言是，"没事儿，我很好"（Nothing's wrong — I'm fine），28%的说谎者都认为这是他们最喜欢说的谎话。原以为只有东方人习惯报喜不报忧，压抑自己的感受，明明心有千千结还要若无其事地笑脸迎人。排名第二的是"见到你很高兴"（Nice to see you）。紧随其后并列第三位的是，"我身上没带钱"和"我会再跟你联系"。即使有种种理由说谎，我们也常常会遭遇圆谎的尴尬和紧张，而且我们不难发现，谎言才是成功路上的最大障碍。反而是那些诚实的人，取得了令人瞩目的成就，比如乔爷。与其说乔爷有伟大的成就，不如说他有伟大的品质。

我们不能指望几乎连高中也没有上过，也不从事文化产业的乔爷说出什么惊天动地、雅韵天成又振聋发聩的话来，但是我们无法忽视一个白手起家取得巨大成就的卓越人士的人生智慧。乔爷的经历，只让我更加确信一点，伟大的天才源于伟大的品质。一个人能取得多大程度的成功，在于他究竟有多大程度的美德，而不是他的学历和出身。倘若一个人有着超绝世人的伟大美德，如诚信、慈悲、精进不休的勤奋和坚忍不拔的毅力，他怎么可能不成功。我不知道有几个人能像乔爷那样，干过40多份工作皆不尽如人意，人到中年开始投资，换来的只是十几年的积蓄打水漂，还负了一屁股债。在这样的生活绝境下，他想的不是抱怨，不是愁苦，而是解决问题。

在卓绝的品质面前，什么绝境都是浮云。凤凰浴火，只为证明它能涅槃重生。

还是那句话，本章中，乔爷没有告诉我们什么精妙绝伦的新理论或新发现，甚至连点概念改装也没有，他只是老老实实地说了一条成功人士都具备的最基本品质——诚实。听上去，是不是很陈腐，很老生常谈？没错，恰恰因为这是一条老生常谈的浅显道理，又恰恰因为它无数次被提起甚至包括乔爷这样的人都要不断提起，所以才足以证明，这条老生常谈是一个长久以来的历史问题，大家都知道，只是绝大多数人都做不到。和许多其他老生常谈的智慧一样，三岁小孩道得出，八十老儿行不得。尽管，佛学要求我们解行相应，心学要求我们知行合一，但我们就是做不到。

偏偏，我们中的大多数人，但凡一听智者言，便说："你说的我都懂。"他们不知道那些望文生义的"懂"有多可笑。而且他们常爱干的一件事便是经过多年的沧桑后突然辗转反复地找到你说："你那天和我说的话，我这下真的懂了。"蠢货常常干的一件事就是在他有问题问智者，智者解惑时，他便回敬说："这些简单的大道理我都懂。"至精至微之道语于至下至浅之人，还"都懂"，简直令人无语。对这些蠢物来说，有些道理实在简单得不经过磨难、曲折、复杂和长期困扰，他们就无法明白。这倒让我想起了《易经》，一本"简单变化的道理"的书，国人读来犹如天书，非得经过曲折解读之后才能略有所解。果然是井蛙不可以语海，夏虫不可以语冰。

译者一口气说这么多，无非是想告诉大家，在本章节中，乔爷并没有谈论什么深言大义，只是告诉了我们一个成功人士的必备品质之一——诚实，究竟有多重要，又能让我们获得多大收益。这对于常常自欺、欺人或被人欺，价值观不正确的人来说，无疑是一条明道。毕竟，生命不可能从谎言中开出灿烂的鲜花。诚实是力量的一种象征，它显示着一个人的高度自重和内心的安全感与尊严感。

如果要别人诚信，首先自己要诚信。欺人只能一时，诚信才是长久之策。这同样是略经推理便能得出的结论。所以，日本的池田大作说："信用是难得易失的，费十年工夫积累的信用，往往由于一时的言行而失掉。"而中国的墨子亦曰："言不信者，行不果。"

所以，《弟子规》云："事非宜，勿轻诺，苟轻诺，进退错。"不合适的话不要轻易承认，如果你轻易大包大揽，自然会进退维谷。其实，笔者亦深感自己过于轻易承诺，答应了很多自己做不到的事。最后的结果，不是失信于人，便是内疚难安。果然，"夫轻诺必寡信，多易必多难"。老智慧，老道理，老生常谈，但做到才是知道。

最好的对策

当我说诚实是最好的对策时，我的意思是说：这是你大部分时间都能遵循的对策，也是最佳对策。但是我说的对策不是法律或规定，而是当它符合你的最大利益时，你会在工作中加以应用的某种东西。讲真话通常都符合你的最大利益，尤其在别人可以查证的情况下。心智正常的人不会在卖出6汽缸的车后硬说自己卖的是8汽缸的车。顾客只要打开引擎盖数数配电器上引出的线，你就惨了，因为他将向250个人或者更多的人说你的坏话。

当我说有时可能不必向潜在顾客讲真话时，我指的不是以上那些明显的事实。假设一个潜在顾客给我打电话，问我是否有某种配置的某型车。你知道我会如何答复他吗？对了，我会说"我们货场里有一辆，你今天就能提走"。这时我讲的不一定是真话，因为我接到此类电话时并不会查看存货档案。我希望这个人能到店里来。我知道十有八九有这种车，因为我们的存货量较大。如果没有，我可以很快搞一辆，因为我们与本地区其他经销商有一个互换车辆的协议，这样我们大家可以共享本地区的汽车存货。如果这位顾客要的配置我都有，只是少一台推钮式收音机怎么办？或收音机虽有——或我能搞一台来——但颜色是灰色的而不是蓝色的怎么办？我对他讲的有多少算谎言？顶多是个小小的谎言。但不论怎样，当他来到店里后，如果提出抱怨，我就会说是我们的记录出了错。

大部分买车的人都想马上提车，而我也愿意这么卖车。为顾客定制一辆车需要一个月，而大部分情况下顾客对车的细节不那么坚持。车的颜色通常有近百种，但汽车厂不会把车漆成许多人都不喜欢的颜色，所以我能基本满足具体顾客的具体需要。当你在肉店买一磅牛腰肉时，你不会因为重量不是16盎司（合1磅——译注）而是15或17盎司就不买了，因为你毕竟拿到了牛腰肉。

我并不是建议大家互相说谎。我真的认为诚实是最好的对策。但诚实是一件相对的事，它有时并不是黑白分明的。

当顾客与妻子、儿子一起来到店里时，你会说"这个男孩真可爱"。你这是真话还是谎话？这个男孩有可能是世界上最难看的小孩。但你决不会这么说，如果你想挣一点钱的话。如果你向一个男人销售新式大衣，你会看看他穿的旧大衣并说，"你这件大衣挺耐穿的"，但你的真实想法是"这件大衣在你买它之前两年就不流行了，而且肘部都露线了，早该扔了"。

喜欢你销售的东西

以上这一切对你是显而易见的，但我见过销售员就因为讲真话而没讲一个小小的、善意的谎话，结果生意就没谈成。当顾客问自己的旧车可抵多少钱时，销售员说，"你这破车和垃圾一样"。顾客的车可能轮胎都磨秃了、没有备胎、耗油量巨大并且臭气熏天，但它毕竟是顾客的车，是它把顾客拉来的，顾客可能仍爱它。即使他不爱这辆车了，要说它坏话，也得由他说。如果你说了，你就是在侮辱顾客，所以你要稍稍撒个谎。你可以说对方真是个出色的司机，能把车开了12万英里。这样的话会使顾客开心，赢得了顾客的好感，他也就很乐意接受你的冲抵价。

我想说人们都喜欢听好话，即使他们知道你说的不完全真实。重要的是，当你夸他妻子的衣服漂亮、他的孩子可爱、他眼镜框的样式时髦时，你就制造了一个令人愉快、消释敌意的气氛。

不管你说的是什么家常话，正是这种家常话使顾客克服了最初的担心：你会赚他太多的钱。军人会管这叫佯攻。即使对方不答话，我也会接着说，直到对方态度有所放松。我会再找一些话题来闲聊，但你也不要聊得太投入，以至于忘了顾客来你这儿的目的。他可以忘，但你决不应忘记，一秒钟都不能忘。

你是一个在做销售的演员，这一点你绝对要记住。掌握时机是任何表演者最重要的素质，但你只能逐步培养这一素质。当我周末想放松一下时，我会去拉斯维加斯。我去那里有几个理由。第一个理由是：那是我赌钱的唯一地方。我并不期望赢钱，但我不会赌太多的钱，我输不起。我知道赢钱的可能性极小极小，但是那很好玩。

第二个理由是：我要去欣赏世界上最好的表演者之一——唐·里克莱斯（Don Rickles）的表演。我欣赏他对时机的把握、他的面部表情，甚至他著名的侮辱人的方式。我并不是想侮辱顾客，但我想看他如何骂一名观众，然后又如何把他逗笑。将对方的愤怒变成微笑，这与我们的工作很像：将顾客的恐惧变成信任，将不想买变成想买。

你希望在销售中顾客能信任你，你还希望顾客在离去之后依然信任你，因此你不会向他撒谎。你不希望顾客因为信了你的话而被亲友讥笑，你不希望顾客因为信了你的话而日后懊悔，而且你有时会阻止别人（顾客）干会使他自己尴尬的傻事。

产品标价虚高的事在很多行业都存在。每辆新车窗户上都标有售价，同时车下面还标着工厂的建议价。许多人都知道大部分车的实际价格可以低于标价。有些车很稀有，如柯维特（Corvettes），因此只按标价卖。凯迪拉克敞篷车和许多进口车也只按标价卖。但大部分美国车的实际价格可以低于标价，而且如我所述，许多人都知道这一点。

但有些美国人并不知道这一点，如果他们来自农村小镇，情况就尤其如此，因为小镇上只有1名或2名不肯打折的汽车经销商。有时会有顾客来买车，他看看标价就开始照标价填支票。你会问，这有什么错？没有错。标签上就是这个价格，而且许多人会按照标价付款。他们不知道如何讨价还价，有的人也不喜欢讨价还价。

为什么不多收顾客的钱？在许多行业，都会多收顾客的钱。但在汽车销售这一行，如果你卖的是雪佛兰牌汽车（一种产量极大的车），那么这么做是有风险的。很多汽车销售员都不同意我的看法。但我认为他们按标价收顾客的钱是不对的，即使顾客真心愿意付全款。假设这名顾客买车之后去参加了社团会议，人们总爱向邻居和亲友显示自己的新车。这是卖车的很有效的方法，后面我将细说。但当这位顾客请开会的人都出来看他的新车时，有人会问："查理，你这车花了多少钱？"查理指着标价说是按价付款的。"什么？现在买新车还按标价付钱，你真是个笨蛋。"这时查理会怎么想我？他会认为是我让他陷入了尴尬境地并且欺骗了他，而他的亲友及社团同人都会认为他是个傻子。

先吃小亏，后占大便宜

我知道按标价卖车的销售员可以得到更多的佣金，但我认为在大部分情况下都不值得冒这个风险。我宁肯放弃多赚几百美元的机会，也希望有机会和查理交个朋友。当他开始按标价开支票时，我会说，"少付250美元好了"，或"我送你防盗警报器及5只子午胎吧"。这样查理会认为我是天下第一好人。他还会向别人介绍我，并说我在他开始按标价写支票时让他不必付全价。

那个标价是真实的，但如果你想让顾客相信它（即使它是真实的），那你就与顾客产生了较大的摩擦。

我并不以汽车工程师自称，我高中都没有毕业，而且我在高中时并不是功课上的超级明星。于是，我卖车时不太谈技术问题，反正我不是在向懂技术的人出售有串联传动轴的公路长途运输卡车。但顾客有时会只记住某一个技术事实。例如，他的姐夫告诉他如果汽车的后轴系数达到一定水平就会省油。我查了一下资料，发现这样省的油很少。所以如果顾客问我车的（后轴）系数是否是他要的3.25，我就说："你说对了，你对车真懂啊！"我这么说有两个目的，一是使他感到高兴，二是使我的销售努力不致中断，因为这样一来我不必去查技术规格手册，或打电话请教维修部或汽车厂的工作人员了。

如果顾客提出的技术问题很重要，那我会核查一下，因为我不想让他觉得我在任何问题上都敷衍他。我决不会不给他答案，但轴系数这类技术问题无关大局。我不会说化纤西服是100%纯羊毛的，也不会把17升的冰箱说成22升。因为顾客会了解事实真相，并且会永远记住。即使他们耻于将我做了什么告诉朋友，他们也会以某种其他方式诋毁你、你的商店及产品。吉拉德的250法则永远是灵验的。

所以我们又回到原来的观点：诚实是最好的对策，但有时也不妨加一点好听的奉承话，甚至撒个小谎。如果你撒个大谎，对你可没有什么好处，无非能在以后向同事吹牛说你如何没给答案就打发了一个"闲人"。但如果你从销售中只得到这么一点刺激，那你早晚会搬起石头砸了自己的脚。如果你老撒谎，你将损害销售员的形象，使其他销售员难以为继。而我们的目的是要让顾客满意，成为回头客，把亲友介绍过来从而赚钱。如果你不相信这个道理，那记住我的话好了：我比世界上任何人卖的车都多，而我是相信这个道理的。

你说实话（或通过说稍微夸张一点的话让顾客高兴）永远不会被人抓住。

提示：诚实就是不为难自己

1. 不承诺做不到的事，承诺了一定要做到。
2. 凡是自己不知道或不全知道的东西，就不要妄加判断。
3. 让脑子里装有用的东西，所有不好的念头都要清理掉。
4. 三思而后言永远是最周全的。
5. 不要替别人圆谎。
6. 非得说坏消息时，换一种方式说。
7. 不要说"无伤大雅的小谎"。
8. 记住：小谎就像怀孕，没有"怀孕了一点点"的人。

十三　印象取决于形象

题注：你的形象价值百万

法国作家古斯塔夫·勒庞说过一句甚为经典的话："群体是用形象思考的！"其实，这句话表述为"所有人都是以形象思考的"也没有错。一个单词、一句话，只要一进入我们的知觉意识，大脑便会立即唤醒一连串形象、画面或场景。即使最伟大的哲学家思考最绝对的抽象概念，脑子里也充满着各种诠释概念的形象。我以为，这是大脑追求效能的体验。我们只能先验性地把一些完全没关系的概念通过形象建立联系，才有可能记住并使其成为随时可唤醒的庞杂知识。而古汉语中"形状"一词，分开来看，便是"形象与状态"。这倒很能说明人类认知思维模式，一是对象的形象；二是对象的状态（非静态形象）。由此可见，形象有多重要。而一个人的形象，就在于他给别人的印象。

对于销售员来说，第一印象无疑是非常重要的，我们大约都知道第一印象效应的重要性，人与人第一次交往中给人留下的印象，会深刻地进入对方的头脑中，占据着主导地位。此后，对方便会对你用这第一印象形成的经验和成见来权衡，要不要继续和你交往以及怎么和你交往。要改变这一印象，却非常困难。虽然，仅凭第一印象就妄加判断，"以貌取人"，往往会带来不可弥补的错误！《三国演义》中凤雏庞统当初准备效力东吴，于是去面见孙权。孙权见到庞统相貌丑陋，心中先有几分不喜，又见他傲慢不羁，更觉不快。最后，这位广招人才的孙仲谋竟把与诸葛亮比肩齐名的奇才庞统拒于门外。尽管鲁肃苦言相劝，也无济于事。众所周知，礼节、相貌与才华决无必然联系，但是礼贤下士的孙权尚不能避免这种偏见，可见第一印象的影响之大！

当然，第一印象也不是固定在脑海中无法改变，与其他的记忆信息相似，第一印象也会随着时间的推移而慢慢地淡化。如果我们给别人留下的是好的印象，我们就要努力保持自己的作风和态度，维护这种印象。而如果我们给别人留下了糟糕的第一印象，那么我们就要正视自己的缺点，努力去提高自身素质和形象，争取彻底改变这种不利局面。毕竟，"路遥知马力，日久见人心"。

其实，一般情况下，一个人的体态、姿势、谈吐、衣着打扮等都在一定程度上反映出他的内在素养和其他个性特征。不管暴发户怎么刻意修饰自己，举手投足之间都不可能有世家子弟的优雅，总会在不经意中"露出马脚"，因为文化的浸染和心灵意识是装不出来的。而且一个人的形象也无可避免地泄露出个人的品质信息，难怪南朝梁武帝时期（502—549年）的员外散骑侍郎周兴嗣特意在《千字文》中强调了这样一句话："容止若思，言辞安定。"没错，你的形象就是你的精神名片。

本章里，乔爷想告诉我们的是，形象会影响顾客对你的信任度。建立一个可靠的形象，能帮我们打破初次交流的坚冰。显然，低调而不低下，温柔而不懦弱的销售员才是顾客最喜欢的销售员。乔爷尤其强调了得体服装的重要性，过于奢华，顾客容易怀疑自己购买物的实际价值；过于低廉，顾客则易怀疑该产品的品质，容易引发销售员挣得少是因为产品不好卖等负面联想。所以，最佳的穿衣之道是穿与工作职务相称的服装。

　　乔爷还着重强调了时时刻刻保持良好形象的重要性，每送走一个顾客，他都要打扫一次办公室，以防怪味使顾客心理不适。像演员一样，随时根据角色需要调整表情。倘若你也能像乔爷那样，随时随地都为了自己的良好个人品质展示而努力，相信我，你的成功就在不远的地方。

容止端肃，让顾客喜欢你

　　如果你让人们形容一下典型的汽车销售员，他们十有八九会说销售员身穿雪白的衬衣和最新款的西服，脚上是伯利（Bally）皮鞋或鳄鱼皮鞋。换句话说，销售员一身的行头价值500美元。他们就是这么想的——行头昂贵，然后他们会接着想："这家伙会从我身上赚很多钱。"

　　我是赚了挺多钱，多年来确实如此。我喜欢华美的衣服，我尽量穿它们出去。但我工作时不穿最好的衣服。先别误解我，我工作时还是穿得整洁干净的，不会穿得很蹩脚。但我不想给对方一种感觉：我必须坑你才有钱支付这身行头。我认为销售员的穿着应与他的顾客尽量一样。我是卖雪佛兰车的，不是卖奔驰450的。每年有几百万人买雪佛兰车，但他们一般不是最富有的人。在我这个地区，他们大部分是工薪阶层，他们是工厂的工人或公司的文员，为挣钱而辛苦工作，不算最有钱的人。所以如果他们在店里发现销售员穿着昂贵的衣服，他们就会心生忐忑。

　　我们说的顾客不是穷人。穷人不会买新车，最便宜的新车也不会买。我的顾客来买车时平均要花5000美元，但他们大部分人主要依靠贷款买车。他们的贷款风险适中，他们不是挥金如土的人。我希望他们认为我和他们一样，不是挥金如土的人。我也这样看他们，因为我是他们中的一分子，而且我了解他们的经济状况。

不穿顾客反感的衣服

如果我只穿一件便服和便裤，当顾客首次见到我时，他们就会感到放松了。我决不穿会使顾客反感或不安的衣服。我不会像许多销售员一样涂无色指甲油，这样也会使顾客反感。工人们的指甲里可能有洗不掉的黑色，但他们希望销售员是个干净整洁的人。你以为销售员都明白这个道理，但我见过一些汽车销售员似乎好久都不洗澡（不论他们涂不涂指甲油）。一个工人下班后可能无时间去洗桑拿，但他有权利期望销售员是个干净整洁的人。你可能认为我在这一点上太计较，但让我告诉你，我并不是计较。人们曾就其他销售员的个人卫生向我提过意见，因此这件事很重要。

当顾客进入我的办公室时，他会发现我的办公室整洁干净，有条不紊，不令他反感。而有些销售员会在办公室挂宗教图片这类容易引起争议的东西。如果你婶婶在罗马给你买了一张有神圣意义的教皇照片，那可真值得珍藏，但你只挂在家里好了。许多人（甚至是天主教徒）可能都不认为教皇照片适宜在办公室悬挂。我的办公室墙上有销售获奖证书和奖牌，于是顾客知道他们在与最棒的销售员打交道。毕竟顾客会想：如果这家伙卖了这么多车，那他的车价一定很便宜。至少我希望他们这么想，他们也确实这么想了。

在我的办公室中也看不到显示选装设备的彩图及小册子等，因为它们会让顾客注意到某个设备，并开始想自己该要什么颜色或什么附件。他来找我并不是想买一辆有电动窗的天蓝色的车，他只想买一辆普通汽车。在他决定买我的车之后，其他细节才可以考虑。所以我不让他有机会翻小册子，因为这样一来他可能推说还要想想，并因此离开。即便这样，我也不想让他在买车之前就开始见一个设备就想买一个。因为他有可能想买的设备太多，结果什么也买不起。而且这样车价也会变得太高，以至于他问到的每个汽车销售员都不能给他一个更低的价格，因为他买的毕竟不是配有波斯地毯及特制金属漆的顶级车。

让顾客心怀感激

我也不会给顾客一把躺椅坐。我希望他们放松，但我不希望他们太舒服，以至于我无法说服他们。使他们感到放松当然是关键的，但我有许多更有效的方法让他们感到放松并感激我。舒服的椅子不会起到这个作用，但许多其他东西能起到这个作用。

他开始拍口袋找香烟了，这时我会问他抽什么烟，因为我不希望他记起来车里有烟并跑出去拿烟。我办公室里有很多品种的香烟，不论他抽什么烟，我十有八九都会有一盒。我会给他，并说"没关系，拿着这盒吧"。哇！拿着这盒烟吧！谁会对顾客这么说？我会！这盒烟值多少钱？50美分——税前。他现在已经感激我了，他当然还拿到一盒免费火柴，还有什么？喝一杯酒怎么样？你喝什么酒？果酒？威士忌？我都有，免费！他当然不会独自喝，因为我会拿出一瓶装有白开水的伏特加酒瓶，倒出里面的白开水与他一起喝。我不希望他喝醉。我只希望他能足够放松，使我能帮助他买到他买得起的车。

如果他带了孩子，我有气球和棒棒糖给他的孩子。我还有小徽章给他全家的每个人，上面写着"我喜欢你"。我送给他及他家人的东西会让他有点感激我——不太过分，刚刚好。

有时顾客进入大厅就开始看样车。我会走近他，但又不会靠得太近。顾客有时会蹲下来看车的底部，我也会这么做。这看起来很疯狂，但却是很好的开场白。顾客看到你也和他一起看车，可能会笑，这时你就可以开始进攻了。有时顾客会夸我的衬衣好看（我爱穿鲜艳的有圆点花纹的便服衬衣），这时我会说，"你喜欢？好，送你吧。"我就开始脱衬衣。我想让他知道，如果因此就可以让他高兴，我很愿意把衬衣送给他。我在办公室放了一件备份衬衣，以防顾客真的接受我的馈赠。我记得只有一位顾客接受了我的衬衣，而我已为此做了准备。我这一姿态作为一个玩笑，就能基本打破双方沟通上的坚冰。不论到不到送衬衣的地步，我希望每个顾客都知道我会为他们做一切，甚至是脱掉我的衬衣送给他们。

我让自己的办公室尽量保持干净，没有可使顾客分神的东西可看或可想。我们谈价格时，如果我要查资料或用计算器算价格，我不会让顾客看到我查的资料或我算出的价格。资料都在几英尺开外一个柜子的顶上。只有我一个人能看见数字或计算器最后计算出来的价格。

我一直做的另一件事是，一旦潜在顾客离开，我立刻打扫卫生。我会把一切东西放好、倒掉烟灰缸、把眼镜收起来，并向空中喷洒除味剂。很多人不喜欢酒精和香烟的气味，他们来我办公室就不会闻到这类气味。

依我看，我是一个演员，在扮演一个角色。我希望这个舞台恰恰适合我要演的戏，并希望我的服装也恰到好处。我的穿衣之道适合我的那一类顾客。我并没有不考虑你的邻居、顾客及你所在地区的风俗习惯与我的差异，倡导你也像我一样穿衣。顶尖的销售员就是一流的演员。他会演一个角色并使观众——顾客们——相信他就是戏中的人物。如果你的顾客都衣着奢华，那你也应像他们一样衣着奢华。

我了解我的顾客，也了解他们期待什么。我对他们如此熟悉——他们大部分是专门来找我并认识我的——以至我与他们见面可以不刮胡子并知道他们能理解我。不论你怎么做，最重要的是你要熟悉顾客，如果叫不出他们的名字也要至少了解他们的风格和类型。这样你就能让他们消除敌意，并进而赢得"战争"。

如果你们在初次见面时顾客就能略微放松、克服恐惧，并因占用了你的时间而感激你，那你已经开始走向胜利了。

一开始就让顾客喜欢你，他们就会成为回头客。

提示：你的形象价值百万

1. 穿适合职业需要的服装。
2. 笑容是心灵无法抗拒的阳光。
3. 握手时，用点儿力。
4. 不要拿别人的服饰、缺点或谈吐寻开心，人们对伤害非常敏感。
5. 各方面知识都了解一点，不要成为一个索然无味的人。

十四　销售气味

题注：引导顾客消费情绪

　　毋庸置疑，这是一个心理学主宰的世界，大多数领域的成功都是心理学的成功，销售行业尤其如此。如果没有对人类心理的深入了解，便不会有乔爷这般的卓越成就。所有的合作、交易都得立足于人类的心理需求。如果不是顾客想要的，就得是顾客需要的，这样的产品才有可能被成功地销售出去。而乔爷深谙此术，十分懂得引导顾客消费情绪。

　　在本章中，他大致说了引导顾客心理的两种方法，一是利用顾客的内疚心理，比如让顾客拆封，让他觉得自己不买不好意思；二是利用体验的诱惑激发顾客对拥有产品的满足感的幻想，从而加强购买欲望。

　　根据已经有过的消费者心理研究，引导消费者的积极情绪，可以使其更多地关注购物的过程，进而刺激消费并带来更高层次的满意。但耶鲁消费者研究中心的实验却发现，即使是最微小的内疚感也能放大随后的成交率，且会让他得到更大的购买快乐。这一点和经济学中的公理边际效用递增颇为相似。正如一套邮票有10张，拿到一张可以卖5元，但如果集齐10张绝对不只是卖50元一样。

　　乔爷深知这一点，内疚感使得消费者内心处于纠结中，他们充满了矛盾，但同时也满怀期待，这让他们更加愿意为产品花钱。这是一种奇怪的矛盾心理，"欲说还休"演变成有点"欲罢不能"了，人们在试图抑制欲望的过程中反而提高了欲望的诱惑力。适度的内疚感无疑增加了期许，增添了刺激，带来了格外的乐趣，悄悄地提升了消费者满意度。

因为只有个体才会产生类似的矛盾心理，所以内疚营销只作用于个体而非团体。这些产品和人们的虚荣心、成就感等欲望需求密切相关。由此不难理解，为什么有人愿意高价去购买高档产品，导致这些商品实现了品牌溢价，隐藏在这背后的，其实就是消费者的欲望需求。

其实，内疚营销就是通过营造心理情境，制造心理落差，增加顾客摆脱束缚的冲动和刺激，便能强化消费者的购买欲。只要能抓住顾客渴望而又有所顾忌的心理，就能勾起消费者跃跃欲试的欲望。而只要他跃跃欲试，你就应该把他拉进产品的体验中去。那么，哪些因素可以刺激消费者的内疚心理呢？乔爷的实际行为已经告诉了我们，你的热情、周到和体贴可以在情感上诱发顾客的对等回报心理，而他很明显做不到，所以会内疚。而另一个方法是让顾客拆封，让他们觉得自己不买就内疚。

乔爷在本章里强调的第二个要点是体验心理学。体验，是我们用自己来验证事实，体验到的东西使得我们感到真实、现实，体验常能强化我们的大脑记忆。有时候，我们说什么，对方都无法理解，这便是没有体验的结果，没有体验的真理是假花，看着像花，可是没有生命实体。有了体验的真理，则是一朵真花。你知道它源自什么种子，植根何处。让顾客体验产品，比没完没了地进行推销演说强一百倍。

其实，体验营销就是感官（Sense）营销，通过创造知觉体验，让顾客通过视觉、听觉、触觉、味觉与嗅觉去感受产品。这点，希尔顿连锁饭店就是一个典范。这家酒店的一个小做法是在浴室内放置一只造型极可爱的小鸭子，客人大多爱不释手，他们会把它带回家给家人作纪念。于是这个赠品便成了顾客喜爱希尔顿饭店的动力之一,这就是"体验式营销"的应用(视觉和触觉上)。我们在超市中购物时,也经常有售货员让我们试品某种食物,这也是一种感官营销方式(味觉)。

让顾客体验产品,可以打消他们对性能和感受上的疑问,同时也能进一步强大内疚感,促成订单成交。

让顾客拆封

一位销售事业的狂热鼓吹者曾说过,如果要取得胜利,我们就应销售煎牛排的咝咝声,而不是牛排。你在销售汽车时就应该这么做。我的大部分顾客毕竟早已买过车(可能还是雪佛兰车),而且他们一生已见过无数的车。美国的道路上至少有1亿辆汽车,所以一辆雪佛兰车本身算不上什么大事情。

能算上大事情的是这样一辆亮闪闪的汽车:你摸摸它、坐在里面和拥有它就让你感到高兴。新车最能撩人的是它的气味。你是否注意过一辆新车的气味?即使你蒙上眼睛被人推入一辆新车,你也能马上闻出来它是一辆新车,有些人光摸摸和看看新车就想拥有它,但我依然认为最能撩人的是新车的气味。

因此,我会逼每名顾客都去闻闻新车的气味。我不说"让"——而是说"逼"。许多人一开始都不愿意坐到新车里去,他们也不愿意试驾。这是因为他们担心自己开了新车后就像有义务要买似的,而正因为如此,我才说你要推他们坐到车里去。你要让他们感到,既然他们已经撕破了新车的封条或打开了新车的包装,那他们就得买下它。

一旦他们落了座并闻到了新车的气味,他们就想买它了。这是一个如此明显的事实，你可能觉得只卖出过一辆车的销售员也知道，但这一点一直是销售培训课的一个科目，因为许多销售员认为这是多此一举。他们会说："为什么要特意这么做？这个'闲人'知道车里是什么样的吗？他只想得到一个好价格。"

参与的吸引力

说这句话的人连他自己都不明白自己的感觉。我决不会忘记我一生中那些首次让我激动的事情。我还记得我第一次拿起一个新电钻的情景。那不是我的，是我的一个邻居小伙伴得到的圣诞礼物。他当时打开礼物包装时我在旁边，那是一把崭新的电钻。我接过电钻插上电源，于是就不停地到处钻眼。我记得自己第一次坐进新车的感觉。那时我已经长大，但坐进的都是旧车，座位套都有酸臭味了。后来一个邻居在战后买了辆新车，他买回来的第一天我就坐了进去。我决不会忘记那辆新车的气味。

如果你卖其他东西，情况就完全不一样了。如果你卖人寿保险，就无法让顾客闻气味或者试驾。但只要是能动能摸的东西，你就应该让顾客试一下。在向男士们销售羊毛外套时，哪位销售员不让他先摸摸呢？

所以一定要让顾客坐进车里体验一下。我一向都这么做，这会使他产生拥有的欲望。即使没成交，以后一旦他又想买这辆车时，我还可以试着说服他。当我让男顾客坐进车里去试车时，我一句话都不说。我让他们试驾一圈。有专家说过，这时候正宜向他介绍汽车的各种特点，但我不信。我发现自己说的话越少，他就对车闻得和摸得越多——并会开口说话。我就希望他开口说话，因为我想知道他喜欢什么、不喜欢什么。我希望他通过介绍自己的工作单位、家庭及住址等帮助我证明他的经济条件。当你坐在副座上时，顾客经常会把一切有关情况都讲给你听。这样你向他销售和为他申请贷款所需的背景信息就都有了。因此，让他驾车是一个必须做的事。

人们喜欢试试新东西的功能，摸摸它或者把玩把玩。还记得厂家在加油站搞的减震器演示吗（你先拉旧减震器的把手，然后又拉新减震器的把手）？我相信你们大都体验过。我们都是好奇的，不论你卖什么，都要想办法演示你的产品，重要的是要确保潜在顾客来参加演示。如果你能征服人们的感官，那你也是在征服人们的情感。我认为，人们购买大部分商品是由于情感而并非逻辑的原因。

一旦顾客坐上驾驶座，他十有八九要问往哪儿开。我总是告诉他随便开。如果他家在附近，我可能建议从他家边上过一下，这样他可以让他妻子和孩子看到这辆车。邻居们有的可能正站在门廊上也能看到这辆车。我希望他让大家看到他开着新车，因为我希望他感觉好像已经买了这辆车而正在展示给大家看。这会有助于他下定买车的决心，因为他可能不希望回家后告诉家人自己没有买这辆便宜车。我不想引顾客过分上钩——仅仅一点点。

我不想让顾客试驾时开得太远，因为我的时间价值很大。事实上，试车人一般都自认为已开得太远了，其实并不太远，所以我会让顾客随意开。因为如果他认为自己开得有点太远了，这会使他感激我。

体验产品是最大的诱惑

当我说让顾客上钩以及让他对我心存感激时，我并不是指我要坑他。在销售中，他任何时候都可以决定不买了，即使他已经预订了。因此他与我是平等的，但我感到如果顾客到我经销的场所找我，我就完全有权利假定他想买我的车。帮他扫清疑虑和恐惧并下定决心买车，是我对他以及自己的一个责任。

当我说到气味时，我确实是认真的。但气味不仅指气味本身，还指许多东西。对我来说，新车的气味指这场体验带来的兴奋感。我估计现在有些人买新车已经不感到兴奋了。也许他们已经拥有很多车，因此买新车已经不算什么了。但对大部分人（包括我）来说，即使是买件新衬衣这种普通的事，也能使人兴奋。我想回家后马上穿上秀一秀。而新车带来的兴奋几乎是无与伦比的，对大部分人来说，买车就如同生了一个孩子。他们真的想向众人分发雪茄并登广告宣布这件事。

这一切都是我所说的气味。你可以说单单是靠这种感觉本身几乎就可以销售一辆车。几乎，但不是真的。因为许多销售员都不理解气味，因此他们也不利用这一点。你要利用气味并让它为你工作，你不能让它自生自灭。如果你是一名真正的专业人士，你就不能让任何事情自生自灭。你要促使它发生，你要确保顾客有机会闻到气味，感觉到激动，并体验到这件事带来的兴奋。

关于销售气味的重要性，我最后还要说一句。在二战刚结束时，新车很少见，于是大批顾客只好买二手新款车。当时市场上出了一种新产品，而二手车经销商都抢着买。这种新产品是一种液体，供人喷在二手新款车的行李箱和车内地板上，因为这样车子闻起来会像新车。但你知道这种气味的价值，因为你肯定记得你第一次闻到它时的心情，所以决不要忘记它。当你向人销售产品时，要回忆你自己作为顾客的体验，因为我们大家都有许多共同的体验。如果气味曾经令你激动，那它几乎也会令其他人激动。

不论你卖什么，都有一个与新车气味等值的元素。要把你自己想象成一名顾客。

想想某一产品有哪些地方能使你激动，或曾在你首次购买时令你激动。然后用这种体验来宣传拥有你的产品给人带来的激动和兴奋。

提示：怎样用语言引导销售情绪

1. 使用具有推动性的字眼儿如你、你自己、我们、保证、谢谢、对不起……

2. 舍弃具有抑制性的字眼儿如我、我的、等一下、或许、可能……

3. 用最简洁的话表达自己的思想。

4. 说出你真正想表达的。

5. 千万不要说"我忘记了……"，哪怕说"让我再想想"或"能否提醒我一下……"也比说"我忘记了"要好得多。

十五　间谍与情报

题注：信息就是财富

　　信息就是财富，这点是不言而喻的。但如果信息处理错误，很容易导致灾难性后果。比如，股民轻信了一条内幕消息；将军判断错了一条军事情报；准备开车的父母没有看见在车尾后的孩子，等等。一条信息本身并无好坏，只有参与了我们解读意识的信息才有好坏。而我们的解读倾向，决定了处理信息的方向。我们无时无刻不在处理着信息，而我们对信息处理的明智程度，则取决于我们对信息了解的丰富度。

　　掌握了信息，就知道事情将会怎么发展，就知道机会在哪里。比如，美国亚默尔肉类加工公司老板菲普力·亚默尔有每天都看报的习惯。1875年初春的一个上午，亚默尔从当天的报纸上得知墨西哥最近发生了瘟疫。亚默尔马上联想到，如果墨西哥真的发生了瘟疫，那一定会从边境传到美国的加州或德州。加州和德州是美国的肉类供应基地，假若这里发生瘟疫，整个美国的肉类供应肯定会紧张起来，那么肉价也会飞涨。于是他迅速派出考察组，明确调查任务。几天后，考察组证实墨西哥确实发生了瘟疫，而且蔓延得很快，到了难以控制的地步。亚默尔接到电报后，立即筹措大量资金收购加州和德州的肉牛和生猪，迅速运到离加州和德州较远的东部饲养。果然不出亚默尔所料，瘟疫在两三个星期内就从墨西哥传染到美国西部几个州。美国政府下令严禁一切吃用的东西从这几个州外运，家畜更是严格禁运。美国市场一下子肉类奇缺，肉价跟着暴涨。亚默尔及时把囤积在东部的肉牛和生猪高价出售，在短短的三四个月里，他就净赚了900万美元。

其实，除了那些狭义的信息——消息、新闻之外，我们的情绪状态、心理状态等也是信息，我们的精神形象，也是信息。一个数学家想证明1+1=2，需要的各种资料也是信息。所以可以说，我们的一切思考和行为都是在处理信息。所以，我们要在市场经济中取得成功，没有及时、准确的商业信息，成功很可能是一句空话。而那些驰骋于商场上的各路英雄，他们的本事可能是各方面的，但是，有一点决不可少：他们必须是"消息灵通的人"。我们平时研究的博弈术、读心术、识人术等，无不是为了提高自己的信息处理能力。

在本章中，乔爷用他亲身的经历告诉了我们应该多么重视信息。他的经验之谈，不仅对于从事销售行业的人有指导意义。实际上，他的人生智慧可以运用于各个领域，只是运用方法有别、运用对象有异而已。

发现别人的需求信息，才能发现商机。乔爷认为，只有满足了别人，才有可能满足自己。事实也如此，如果我们不能满足顾客的购买需求，就无法成交，自然也不可能满足自己获得报酬的需求。在这儿，有必要引入"创值销售"这一概念，即让你的顾客感觉你为他创造了价值，这样你才能在激烈的市场竞争中脱颖而出。这意味着你应该最大限度地去了解顾客，了解他们和你销售的产品之间最有可能构建起来的情感诉求是什么。

有一个故事挺发人深省的，一个叫查理的销售员运气一向很好。

他与自己的潜在顾客格雷格认识快十年了，格雷格说上句，他就知道下句是什么。两个人经常下午一起打高尔夫球，聊聊各自家里的事。他们都有两个孩子，秋天就一块儿中学毕业了，更加深了两家的关系。在谈及订单的时候，两人相约一起喝酒，格雷格说了很多，但没有承诺帮查理拿订单的事。查理却认为那笔订单有十足的把握，所以当他接到格雷格电话的时候呆住了。格雷格很不好意思地解释说："查理，我真的尽力了。四天前我还敢肯定这个订单铁定是你的，但是首席财务官和市场副总从中作梗，认为应该把单子给Progis公司。虽然你们的价格更有优势，但是Progis的销售代表马克·罗干让我们相信他们的计划可以提高我们公司的销售收入。市场副总还说马克的一些想法非常好，能提升我们的品牌。我真的很失望。其实我应该检讨一下我自己，我禁不住想自己是不是正在失去领导的信任。"

由于没有弄清顾客的最大心理需求，原本属于查理的订单飞了。他认得马克·罗干，查理在拜访客户时不止一次看见马克，他都是跟查理不认识的人边走边谈着什么。而查理只认识格雷格，他从来没留意过马克。但是，他却没有想到过主动结识他，了解顾客更多的信息，假如他更重视一点顾客信息，他可能不会失去这笔交易。

由此可见，我们了解顾客信息时，一定要尽可能地全面，包括顾客的家庭关系、工作关系，影响其决定的经济关系与人际关系等，都是你必须完成的信息处理。乔爷就曾利用父女之情成功打动了一个父亲。虽然，这会使得你必须更加努力，但哪儿有随随便便的成功？所以，详细而恰当地了解顾客信息，就成了乔爷的制胜法宝之一。他的技巧和方法，非常值得读者借鉴。

满足别人就是满足自己

在每一场战争中，双方都会探听对方的秘密，并派出情报人员——其任务就是了解本方将遇到何种情况。我们在销售这一行通常称之为证明顾客是有条件购买的。证明这个词有很多意思，其中一个意思是"证明某人有条件"。让我告诉你吧，在我看来，人人都有条件买我的车。因此我喜欢把销售想象成间谍和情报工作。我希望知道顾客想做什么，应做什么及从财力上讲能做什么。

这三件事有时是一样的，但它们在很多情况下是不同的。顾客想做的事不一定是他喜欢的，或是他能承受的。我先听顾客讲他想买什么，然后就尽量满足他。但是如果我认为某种商品对他不合适，或他承受不了但能承受另一种商品，我就会自己判断。但我怎么知道该向顾客销售哪件商品呢？我的方法是一看二听三问。

当我一看二听时，我注意那些能让顾客开口说话的事情。这样他就会向我介绍他的情况、需求及支付能力，但我并不总让他做决定。经常或可能在大部分情况下，决定都是我做出的，因为顾客时常不清楚什么对他合适，以及他应该买什么。

大部分人对人寿保险不太理解，所以不知道自己需要什么种类的保险，所以他们让保险销售员做决定。至于服装，人们知道自己需要买与众不同、时髦或至少穿着不扎眼的衣服，因此售货员就会帮顾客参谋。它是与顾客之间的一种基于流行款式、店里有什么款式以及什么衣服穿上去好看的谈判。心智正常的服装销售员不会让顾客买难看的衣服。但对于穿衣的效果，人们会有不同的看法，所以双方在做决定时会有很大的差距。

对于汽车来讲，情况完全不一样。如果一个男士的全家有四口人，你就不会拼命劝他买双座跑车。如果那是他第二或第三辆车，而且他很有钱，那就无所谓了。但你得明白：如果对方需要买辆大车而你硬让他买很小的车时，那对方就会很不高兴。所以你不会那么干，不论对方如何肯定自己愿买时髦的小车。

你与顾客在玩一场游戏，不论他说什么，你都决心为他寻找最合适的车，因为对他合适也就是对你合适。你希望对方会对别人说你的好话，并且下次还来买你的车。而且，不要忘了你此刻在与一个害怕你的男士打交道。

打破坚冰，让顾客自我暴露

当顾客进门时，我会先说："嗨，我的名字是乔·吉拉德。"我接下来不说"你的名字是什么？"我不想让他更加害怕。我不希望他立刻就转身离开。因此，我不会问对方，而会说"你是……"他会马上说出他的名字。请注意，我并没问对方的名字。我不能让他有理由将我视为硬要询问他个人情况的人。我的方式是自然和轻松的，而且我获知了他的名字。从这时起我会叫他的名字，因为我们现在已有私人关系了。他是比尔，而我是乔。如果他试图称我先生，我会说就叫我乔吧，我已把坚冰打破了一点。

像我前面讲的，如果他一进来就围着车看，甚至蹲下看，那我也像他那样。我不多说话，因为我虽然想知道有关他的很多情况，但我想让他主动告诉我，而不是我去打探。

我可能会询问他想买什么车以及目前在开什么车。但我一般都不说话，只是等他说。他会告诉我一些信息的。一旦他开口讲话，我就和他在店里一起走动。但我在游戏的这一阶段还不会催他。我要引导他畅谈，让他暴露——如在军事情报上那样：你希望敌方自我暴露，暴露得越多越好。

如果顾客一进来就问谁是乔（这种情况经常发生），那我就有了很好的交谈引子。我会问他如何听说我名字的。他会说在报刊上看到了关于我的介绍。我会问他是什么报刊，这样我们的谈话就开始了。或许他会说是听某个人说的，而我会说我认识那个人（尽管事实上我并不认识）。或许他会说是在工厂听说我的，我随之会问是什么工厂。于是我们会谈起他的工作单位。不论他怎么回答，我都能让对话继续下去，并从中得到有益的信息，比如他的熟人中我认识谁等。如果碰到一个熟人的名字，我可以问对方是否住得离那人很近。我已了解那一带的居民情况，因此能判定对方的收入状况。我们从工厂谈到他的工作，这样又能使我估计对方的收入状况。

我就像一台已经启动的机器（录音机或电脑），而他并没注意到这一点。因为不论他说什么（住的地段、某个郊区、保龄球会、工厂等），我都知道一点儿。他说的任何话题我都能回答，而且在回答中会再提出问题。这使他能继续讲，而使我在不熟悉的话题上不会说太多。当我们正谈他工厂里的保龄球会及他的球队成绩如何好时，我会突然很不经意地说："把汽车钥匙给我，我们鉴定一下你的车值多少钱。"

请注意我并没说"你有想换新车的旧车吗？"我不想这么问，因为这样一来会误导他。他会误认为一旦说有，你们就在谈交易了似的。或者他会撒谎说没有，因为他想应该先拿到我的最好价格，然后再提出换车以拿到更好的冲抵费，那样当然不行。不论何时确定顾客的旧车冲抵价，我们只能按规定给顾客一个尽可能好的报价。但许多顾客以为，晚点提出换车就能再玩一场游戏。

我的目的是让对方在不知不觉中就将我们的谈话深入下去，以致他有点难以阻拦我的进攻。

我要马上打断他，否则他会谎言四出。当他说不想换车时，你要看着他的眼睛，这样你就知道他是在说谎还是想玩游戏。许多人会把自己的旧车送给父亲或是已到开车年龄的孩子，但人们一般都想用旧车换一辆新车。于是我会直率地说："把车钥匙给我。"

我目前已不再亲自做换车业务，我手下有人帮我做。我将在后面讨论利用额外助手的事，更重要的是，我们这一类销售员不利用额外助手是不行的。

如何判断顾客的生活状况

一名有经验的销售员可以像读书一样读懂顾客，读懂他的房子及他的车。大部分人不注意别人穿什么衣服、住在哪里或开什么车。但如果你注意细节——如衣服被磨损的肘部等——你就能得到很多信息。我看看一辆车的内部，就能讲出它及车主人的一切情况。

有一些明显的迹象，如里程表上有多少里程数、车门框上有多少维修站标识，以及其标明的维修里程是多少，可以使你看出车主一年会开车多少里程，以及他对车的爱护程度。这些迹象直接将车的价值告诉了你。如果车主经常维修车，这表明他是一个仔细的人。如果他开车的里程比一般人多，我就有了和他讨论的话题。我可以问他是否常常旅行，或是否到过很远的地方。当我查看前座及储物格时，我会寻找其他汽车经销商及厂家分发的小册子。它们会告诉我车主在找什么样的车，并已拿到多少种报价。我利用这一信息，即可知道我应降价到什么水平来与他成交。

如果他的轮胎已严重磨损，我就知道他要掏150美元左右另外买一套轮胎了。这就会使他颇有点想买新车了，因为许多人认为与其花钱买一套轮胎，还不如买辆新车算了。当我打开后备厢看他的备胎时，我可能会看到他的钓鱼用具，这时我又有谈话的主题了。爱钓鱼的人都爱谈论自己去哪儿钓鱼及收获如何。如果我在车后端看到可以说明他爱好的拖车钩，我就知道他是一名爱野营或爱玩游艇的人。

如果他的车明显应该扔到垃圾堆里了，我就要小心了。他可能无法将车开回家了。这对我是好消息，因为他可能马上就要买辆新车。但我不能告诉他说他的车该扔了。男士的车如同他的妻子，他自己可以说车子的坏话，但别人若是试图说它的坏话，那就是侮辱他。所以我对于说什么很小心，如同车是对方的爱犬一样。我一般会说从已开了这么多里程或是车的年龄上看，这车真不错。

我另外注意的细节是挡风玻璃和保险杠上贴的标语。我不谈政治，因为你和顾客谈政治肯定会遇到麻烦。如果我儿子在竞选美国总统，我不会戴一个"支持吉拉德当总统"的徽章上班。但我会就其他种类的标语（如你去过的度假胜地或国家公园给你的车贴上的标语）发表意见。因为不管对方去过哪里，我肯定也去过。即使我从没有听说过那个地方，我也会想办法利用它套近乎。如果对方的车里有婴儿座、玩具、自行车携带架、睡袋等物品，我就能更多地了解对方、他的需求和兴趣，以及他对待自己物品的方式。

聚焦于销售，不要与顾客攀比

当我看完顾客的车后，我会说："你的车保养得很好。"这样我就不必说我认为这辆车可冲抵多少钱，而且使他感到我喜欢他的车。我可能会问："你想买哪种车？"然后我们可继续谈下去。他可能说想买一辆与这辆一样的车，他可能会抱怨说车子噪音太大。于是我会建议他买两门的车而不是四门的车。两门车的噪音会小一点，而且从我的角度看，更妙的是两门车的价格也更低一点，这样我可以报一个比他拿到的四门车报价更低的价格。

如果你销售房子，而一个顾客抱怨说草地修整太费事，那你不应向他推荐一座有很大院子的房子。如果对方抱怨说爬楼梯太费事，那你不应向他推荐一座有3层楼高的殖民地式的房子。你可以推荐牧场式平房。销售汽车也是同一道理。你销售的车应能坐下他的全家、可以装下他的皮划艇，而且适合他的经济能力。

如果我发现顾客不愿说话，那我不会急于销售。我会后退一点，我可能会就着婴儿座椅问他孩子多大了。他可能会从钱包里拿出孩子的照片给我看，而我会夸他的孩子。除非他提出要求，我不会谈我的家庭。这不是社交场合，而是销售场合。我认为销售员所能做的最傻的事就是与顾客攀比。当顾客拿出孩子的照片时，许多销售员也会拿出自己孩子的照片。这一点儿也不聪明，因为你想压住顾客。当你想压住他人时，你其实在透露这样一个信息："以为你了不起啊，看看我的吧。"

顾客并不在意你孩子的照片，他只想展示一下自己孩子的照片。你与他攀比有何好处？一点儿都没有。把舞台让给顾客，你坐在那儿观看即可。

如果我在车内看到钓鱼用具，我会问他最近在哪里钓鱼，而对方很快会讲起钓过的一条大鱼。我曾听见有的销售员马上反驳："那不算什么，我上周日钓了一条更大的鱼。"那又怎么样？你只是让对方觉得他生活中最大的事也不值得谈论。可能你钓起过一条40英尺长的大白鲨，但这不是保龄球馆里的吹牛比赛，这是在做生意。即使顾客只钓到一条小鱼，你也要让他以为那就是吞下约拿（基督教《圣经·旧约》中的先知——译注）的大鲸鱼。你要让顾客对你有好感并顺利成交。如果你只是说钓鱼的统计数字，顾客会转而反对你，并会脱身而去。

我已讨论了试驾的重要性。这等于你把商品的一部分给对方，如同免费样品。而且你想给他足够大的一部分，以使他进而想得到整个商品。我让顾客试开一阵车，以使他有捡了便宜并欠我点什么的感觉。我希望他试开一阵车，并让他的孩子、亲友和同事看到他在试车。这样他有点难以回去开自己那辆又老又破的车。我希望他试开一阵车，因为我想看他会开到何处，并听他讲车的事，包括他对这辆新车什么地方不喜欢。

我最想让他好好闻闻新车的气味，因为这样一来他就上了钩。这时他已很难再回去闻自己旧车的污浊气味了。

在顾客试驾完毕仍有购买兴趣之际，我们会到办公室关门细谈，这时不能有电话干扰我们。我们仍在交谈并试探对方。我看完他的车后会问："这车已付完分期付款了吗？"如果他说只差几期就付完了，那我知道他是有信用的顾客，而且如果我能安排贷款及设定适当的每月分期付款额，那比我的总报价还重要。我们可能还会讨论总价，但他最关心的是"我每月要付多少钱"。

贷款购物是通常的办法

靠贷款购买大件商品对现代人来说已经越来越习以为常了，顾客也没有什么不好意思的。人人都用分期付款的方式购买大件商品，这是通常的办法。如果等你存够了钱再消费，你可能等一辈子也无法实现。但仍有许多人对不付现金就拿走商品感到惭愧，所以你要小心应付。尤其当顾客的还款期限很长并已到后期时，因为此时顾客还不拥有对汽车的产权，尽管分期付款已经到后期。

我与顾客成交汽车的能力，有时全取决于我能否为他们争取到足够的贷款。如果他很缺钱、因纳税问题财产被扣，或最近刚刚破产，我仍能设法帮他借到买车的钱，但他要把实情告诉我。这时候交易的性质已经变了，价格已经不重要了。我们只谈如何帮他搞到贷款，是找个共同签字人，还是把车登记在朋友名下。我们会讨论我如何找个朋友来当票据的共同签字人。至于把车登记在朋友名下，这需要十分小心地处理。如果这么做，就要将实情预先告诉银行或财务公司，否则你就违法了。银行或财务公司要预先得知此事，这是因为如果它们要收回汽车，就必须知道上哪儿去找这辆车。

关于贷款还有重要的一点是，你要尽早知道自己是否基于价格卖车，或基于你为顾客得到贷款的能力卖车。如果顾客的信用等级是零，那你基于价格的想法毫无意义。

但如果顾客的车已付完或几乎已付完分期付款时，那我们认为基于价格的考虑没什么问题。一旦我发现顾客的信用状况OK，我就开始再次努力减少他天然的恐惧。我可能指着他车窗上的黄石公园标志问他去公园玩得怎么样，并听他讲，因为我想让他讲一些令他高兴的事，这样他就会放松。

当顾客放松时，我能察觉得到，因为我能读懂他的身体语言。我会注意他的脸、眼睛、他抱胳膊的方式。他的腿开始会交叉得很紧，然后才稍稍松开。与此同时，我会尽力发现他的需求，以及可以向他销售什么。市场上有各种车型、尺寸、装饰及附件，我完全可以找到一辆款式、价格都合适的车卖给他。他现在想买依姆帕拉车，但我可以卖他更高级的蒙特卡洛车，或更便宜的雪佛兰车。当然我也可以在他进店后把他想要的车卖给他，但他不一定买得起，或者他可能买得起更大更好的车。我这里各种价位的车都有。

我需要知道的是：他已打听了多少价格并拿到了什么报价。我需要了解这个，因为我要让他认为他从我手中拿到了最优惠的价格。我会尽力给他最优惠的价格，因为我可以薄利多销，而不是做一个只卖几辆车的贪婪销售员。这就是我的销售哲学和方法，它们使我成了世界上最伟大的销售员。我卖出的汽车比任何汽车销售员的都多，因为我想卖更多的车，而不是以更高的价格卖车。只要你这么做，一切都不必担心了。这样一来你会使顾客满意而归，而且他会到处说你的好话，并介绍更多的生意给你。

如果我知道他车里有来自汽车经销商的小册子，或看到他口袋中有这种小册子，我知道他对价格已经有了想法。但即使我不知道，我也能很容易地发现。这时我们已坐在我的办公室里了。我给他一杯酒或一支雪茄。若他的孩子也来了，我会给他们气球和棒棒糖。我会和孩子们玩一会儿，甚至跪在地上与他们说话。没问题，我办公室的地面很干净。此外，我用一辆车的佣金即可买好几条裤子。因此，我这样做很值。

许多销售员会在办公桌上放一个空白的便签本。他们以为这样就可以记录下一切关于顾客及销售汽车的信息。他们以为这是一个好办法。错！这是一个笨办法，因为如果你在本子上记录关于顾客及销售汽车的信息，如果当天快下班时来了一位顾客，你可能已经没有时间完成对他的销售了。

为成交做好准备

我一直在桌子上放一本空白的订单表和贷款申请表，这样当我们交谈时，我就把了解的信息（地址、工作单位、想买什么车等）直接记在表上。当他把话说完时，我的表已经填好了，只等他签字了。而按照办公桌上放一个本子的方法，销售员还要把信息从本子上转登到表格上。当销售员转登信息时，顾客也许会想起自己还要趁珠宝店没关门去买个领扣。于是他就走了，而你也就没能成交。

我不是说你应该锁上门并把门把手卸下来，以便让顾客无法离去。我不这样干，这时已经快成交了，而且我和助手已经花了一小时或更多的时间。这些时间对我来说是珍贵的，对顾客也是一样。如果他到现在仍无真实的购车意愿，那他真是个坏蛋。当然如果我提供不了别的车行的合理价格（这是不可能的），或我没有顾客想要的车（这其实也不可能），那么顾客当然有权不买车而离去。但如果这一情况发生，它意味着我的工作干得不专业。

如果我在此刻丢失一名顾客，那一定意味着我什么地方做错了。我们都知道你不可能向每一个人销售成功。我们都知道有的人来我们店里是因为无事可做。但如果你不回忆此事的全过程，以发现自己做错了什么，反而假定顾客是故意捣乱来了，那你就无法做好对自己的培训和再培训。你必须首先假设自己销售不合格,直至你的自我检查证明你没有失误。

如果顾客真想买车但仍没有与你成交,那么最常见的原因是你倾听得不够、没有注视他的脸和身体动作。如果你不花足够的时间和注意力去观察他,你就不会看到他用身体语言告诉你的信息。而这些信息可能涉及他为什么害怕、为什么犹豫,以及为什么你没有使他克服最后的障碍。

人人都不喜欢冷场,大部分人都想逃出冷场的局面。让你的顾客这样逃吧,因为他不能忍受冷场。让他提供线索,供你理解他的犹豫和不情愿。你通过观察和倾听了解到的东西,一定比你通过谈话了解到的东西要多得多。

但销售员有时也能通过谈话受益。假设顾客感到不安、扭来扭去、傻笑、脚指头轻轻敲击,反正是做人们不舒适和害怕时才做的事情。你观察并注意到了,并认为顾客的内心是不安的,但你不知道其中的原因。你已经了解对方的需要及能买得起什么车,但你尚无法使对方走向成交。双方冷场了,无人说话,只有他显示不安。这时你可问一个问题,有时解释是得到答复的极好方法。但你不要问对方能以"是"或(尤其是)"否"回答的问题。不要问"你还想知道什么",因为他会说没有了,你也就不好再继续下去了。你要问对方只能用句子回答的问题,如"我漏了什么东西没有","你下定购买决心前需要知道的东西,我还有什么没有告诉你",或者你可以直接问"我做错了什么",这会使顾客感到他应该帮助你。这样你就又能掌握主动权了。

当我谈到此刻促使顾客做出决定,我的意思不是指最后成交。当然,判定顾客是否有条件购买与成交之间没有鲜明的界限。我们把它们作为单独的事情来谈,但如果对销售局面处理得好,你就会从这一步顺利地过渡到下一步。你明白情报收集阶段已经过去，因为你已经知道顾客想要和需要的东西，并知道他有支付能力。如果你一切都清楚了——并知道自己弄明白了——你就可以进入下一步了。

让顾客吐露心声，你只要观察和倾听即可。他会走向成交的。

提示：学会倾听

1. 多听、多看，一生都要懂得闭嘴的艺术。
2. 用所有的感官来倾听，要把信息了解完整。
3. 当一面镜子，别人微笑时，你也微笑；别人点头时，你也点头。
4. 不要打岔。
5. 不要走神，避免外界干扰。
6. 留意弦外之音。
7. 记住：什么都不说往往比说了一大堆要好。

十六　锁定交易

题注：掌握他人心理才能让交易成功

　　心理战充斥着各个角落，对于已经把交易谈到签约意向的销售员来说，如何锁定交易是一门极大的学问。但很遗憾的是，多数销售员由于害怕订单被拒绝，从而强烈希望顾客快速签约。其实，连傻子都看得出来顾客有购买之意，但由于他们本身的恐慌，使得到手的鸭子飞了。一个老练的销售员说，失去订单的最简单、有效方法就是销售员在与客户签单付款时，表现出急切的样子来。所以说，心急吃不了热豆腐，做任何事情都应该按照程序、步骤来。

　　人类对那些急功近利的人有一种本能的排斥感，你越是急不可待，他便会越有疑心，越觉得自己可能上当受骗，也就越有可能产生拒绝和你交易的想法。急于求成者往往事与愿违，虽然大多数人都知道这个道理，却总是与之相悖。很多名人都是在犯过此类错误之后才懂得成功的真谛的。宋朝的大学者朱熹，十五六岁就开始研究禅学，但直到中年之时，才发现速成不是良方，任何真正的成就，必然需要下很大一番苦功才有所成。他以十六字箴言对"欲速则不达"作了一番精彩的诠释："宁详毋略，宁近毋远，宁下毋高，宁拙毋巧。"

本章强调了乔爷的两个观点：一、欲速则不达。二、不要强行销售。

　　欲速则不达是说任何事物在到达结果之前，都必须有要经历的过程。急于求成的结果往往与预期相左。这让我想起了一个名为《揠苗助长》的故事：有一个宋国人靠种庄稼为生，天天都必须到地里去劳动。太阳当空的时候没个遮拦，宋国人头上豆大的汗珠直往下掉，浑身的衣衫被汗浸得透湿，但他却不得不顶着烈日弓着身子插秧。下大雨的时候，也没有地方可躲避，宋国人只好冒着雨在田间犁地，雨打得他抬不起头来，和着汗一起往下淌。就这样日复一日，每当劳动了一天，宋国人回到家以后，便累得一动也不想动，连话也懒得说一句。宋国人觉得真是辛苦极了。更令他心烦的是，他天天扛着锄头去田里累死累活，但是不解人意的庄稼，似乎一点也没有长高，真让人着急。这一天，宋国人耕了很久的地，坐在田埂上休息。他望着大得好像没有边的庄稼地，不禁一阵焦急又涌上心头。他自言自语地说："庄稼呀，你们知道我每天种地有多辛苦吗？为什么你们一点都不体谅我，快快长高呢？快长高、快长高……"他一边念叨，一边顺手去拔身上衣服的一根线头，线头没拔断，却出来了一大截。宋国人望着线头出神，突然，他的脑子里蹦出一个主意："对呀，我原来怎么没想到，就这么办！"宋国人顿时来劲了，一跃而起开始忙碌……太阳落山了，宋国人的妻子早已做好了饭菜，坐在桌边等他回来。"以往这时候早该回来了，会不会出了什么事？"她担心地想。忽然门"吱呀"一声开了，宋国人满头大汗地回来了。他一进门就兴奋地说："今天可把我累坏了！我把每一根庄稼都拔出来了一些，它们一下子就长高了这么多……"他边说边比画着。"什么？你……"宋国人的儿子大吃一惊，他连话也顾不上说完，就赶紧提了盏灯笼深一脚浅一脚地跑到田里去。可是已经晚了，庄稼已经全都枯死了。由此可见，一切事物都有自己的客观规律，人无力强行改变这些规律，只有遵循规律去办事才能取得成功。

关于强行销售，乔爷在《怎样成交每一单》的书中，讲了一个很有意思的故事：一个虔诚的天主教徒妇人，有一个35岁的女儿，一直没能嫁出去。她的女儿好不容易交了个男友，到了谈婚论嫁的地步，她却心烦意乱，原来女儿的未婚夫是个新教徒。她对女儿说："虽然他是个很不错的人，但你得让他改信天主教。一定要让他和你一起去做弥撒，再请神父敲敲边鼓。"她的女儿答应了。几个月之后，她泪水涟涟地跑了回来，哭着说："我的婚姻完了。"这个妇人奇怪地问道："怎么啦，你们不是很相爱的吗？我还以为你已经说服他改信天主教了。"女儿回答说："是啊，我是成功地说服了他改信天主教，可他现在决定去当神父了。"

这则小故事的寓意是：不要强行销售。强行销售是将顾客拒之门外的主要原因，这会使得销售员越是卖力推销，其成交的概率越小。

把握成交时机

许多销售员没能成交是因为行动太猛太早。他们在还没有了解顾客及顾客想买什么的情况下，马上将一支笔塞给顾客。尽管顾客很想买东西，但他们这一举动却把顾客给吓跑了。还有许多销售员不了解自己需要做什么就企图开始成交。

我讲过一袋食品的事：我如何看不到顾客的脸，只能看到一袋食品。那是真事。它很有效，因为它驱使我表现更佳，并为那次成交更努力地战斗。原因很简单：我知道我想得到什么。当我面对一位顾客时，我一直知道我想得到什么。我们大家都有许多愿望，所以明确自己对某个交易的愿望应该不难。有时我的愿望只是成交本身，因为这会使我超过昨天。我了解自己并知道游戏的竞争对我意味着什么。如果说我不是为打破别人的销售纪录而战斗（因为我的纪录已远远超过一切人），那就是我想为击败自己而战斗。

当你关上门独自面对顾客时，你就像一名要为病人做手术的外科医生。但你先要确信该做什么，然后才能开始手术。如果病人患有阑尾炎，你就不应取出他的胆囊。所以当你开始成交时，你最好能确信自己已做完情报收集工作。当你明白顾客想要什么，并且知道自己能满足对方时，你就可以进入成交阶段了。

每当我与顾客进办公室关门面谈时，我都假定顾客真想买车，而不是被妻子赶出门而无事可做。这样我每次都有真正的生意要谈。

让顾客下订单

我们在谈车的型号。"那么，你喜欢4门的依姆帕拉车。"我告诉（而不是问）对方。他可能还在试图否认。但我认为他是想买车的，只不过因为我把门关上了而使他更感到害怕。也许这时我可以给他倒点饮料或递上一支雪茄。我可以问"你想要什么颜色的车"。如果他说出一种颜色，我估计我们肯定是走向成交了。当人们买西服时，颜色问题出现得会很早。顾客会说我想买一套蓝色西服。但眼下的顾客开始时说自己需要一辆车，而不是某牌子的西服。因此当我们双方有一人提到颜色时，我就在成交了，不论对方是否知道。

"你要棕黄色，请等一下。"我出去查一下库存清单，至少顾客这样认为。然后我会回到办公室说："我们恰好有一辆，马上给你开过来。"订单早已填好，因为我们一边说话我一边填订单。"把这个确认一下。"我一边说，一边把笔递到他手中。我不说"在这儿签字"，那太正式了。我说"把这个确认一下"，他可能就照办了，而我们就成交了。

但我们都知道一般没这么容易就成交，我也不会太早将笔递给顾客。但如果我们已谈到了颜色，或他已要求某种具体配置设备，而且我已在库存中找到了合适的车，那我必须进入下一步。

下一步是关键的，但这使我们双方走到了一起。培训课上的老师说锁定交易是从要订单开始的。但对我来说是从要钱开始。我站起来几乎背对顾客，然后半转身伸出手说："给我100美元，我叫人马上把车备好。"我不会支支吾吾地说："唔，我需要你的定金。"这样只会使他不安。我希望双方这时已处于很稳定的状态。

我向他要100美元，这样他要喊停就需给出一个理由。他可能拿出钱包说"我只有73美元"。你知道我会怎么说？你当然知道，我会说73美元也行。如果他说需要留点零钱，我可以同意他交50美元~60美元的定金。但再少就不行了，因为如果交易已经谈到这一地步，双方都希望成交。如果他给我至少50美元——有时可能还更少一点——那他肯定要买车了。

万一他的钱包中只有27美元怎么办？我会说"我也接受支票"。但如果他让我说个数，那我就要求支票金额在100美元以上。现在很多人乐于开支票，因为他们认为一旦自己改变主意，即可停止付款。

帮顾客做决定，确保付出有回报

请你想一分钟。我已经和这个来找我买车的顾客谈了一个多小时了。我相信他的话，因此当他开出定金支票时，我认为他对这事是认真的，这意味着他要我收下这笔钱。我并不是在开玩笑。我经商并不是因为经商本身好玩——虽然我爱我的职业。于是当我拿到支票时，我会到办公室外面去核实。支票就是他要我收下的钱，我要尽快拿到这笔钱。

顾客可以确定的一点是，当他需要时他就能拿到自己的车。如果我们的谈话涉及他的旅行和度假计划，我即知道他2天后将出远门。当他需要时，他就能拿到整个地区与他的要求最接近的车。如果我们的库存中没有合适的车，本地区另一个汽车经销商肯定会有。由于我们之间有互换协议，我总是能为他提供合适的车。我认为他对自己的需要是认真的，所以我只要打了包票就一定会努力把车搞到。

毕竟，我们做的就是买进和卖出的生意。于是当我拿到钱时，顾客就拿到了车。有时我无法找到顾客需要的车，这种情况很少见，但也有过。但我仍认为顾客最想要的是车，而不是某种收音机或传动系统。我无法相信顾客只为了聚乙烯顶棚罩面材料就到了开支票、签订单的地步。我坚信他想要的是车。他会得到车，而不论他支付了什么价格，他得到的车都是物有所值。

如果你认为我的销售主要涉及价格而不是颜色，那你想对了。我做的是商品交易。我的销售与竞争者对同一顾客的销售会有所不同，这其中有许多原因。有些原因涉及我个人，并涉及一个事实：我能使顾客喜欢和信任我。我们已谈过我用各种办法使顾客放松并且信任我。如果一个顾客为挣钱而努力工作，他很明白买汽车会花多少钱。他肯定与朋友讨论过，并可能也已经与其他汽车销售员讨论过。因此当他见到我时，他希望我的价格低于他得到的任何报价。而我相信我的价格可类似或低于竞争者的价格，我的统计数字证明了这一点。毕竟，如果我卖的卧车和卡车数量超过了其他销售员，我肯定经常在价格上击败他人。人们买我的车是因为喜欢和信任我，但也因为他们知道我会比别人多降一点儿价。

我解释过，在符合顾客需要的各种车型中，价格的变化幅度是很大的。每个销售员对此都很熟悉。但我自认为对此的了解超过任何人，因为我花了大量的时间研究这方面的情况。我知道汽车出厂时装的选装设备，以及车到我店后可以加装的一切设备。这使我有了比同行更多的价格上的灵活性，因为我不仅了解给车加装设备的不同方法，而且了解选装设备的成本和售价。各种选装设备可以使车更有吸引力，但车的总成本并不会增加很多。我说的是成本，不是价格。因此我可以送给顾客许多选装设备（有的免费，有的只收一点儿费用），这就使别人的车无法低于我的价格而售出。

这是否意味着我不会被击败？当然不是。在我这一行及其他销售行业还有其他许多聪明而雄心勃勃的销售员。但如果他们一年卖不掉1000—1500辆车，那我就认为他们并不比我强。此外，如果我给顾客一个报价，而他却用这个报价去和另一家汽车销售商谈判，那我可能失掉这笔生意，因为那家汽车销售商会由于嫉妒而给出比我低的报价。与我同一店的销售员大都是我的朋友，但其他汽车经销店的销售员有时会嫉妒我，并会亏本卖一辆车，这样他们就能说他们击败了我。

这意味着我们做这一行不光是为了挣钱，我相信你能理解这一点。但当有人仅仅为了击败我而亏本卖车时，他就是出于错误的原因做了这一行。当我说"不光是为了挣钱"时，我是指除了钱还有其他原因。但最重要的是钱，除非收到钱或马上就能收到钱，我不会只为了打败竞争者就卖得更便宜（我已解释过为什么有时可以亏本卖一辆车，以使顾客为我做宣传，如果他是个重要人物的话）。

当我介绍价格和选装设备的范围时，人们会说这一定会把人搞糊涂。的确如此。如果一个顾客想追踪总售价的全部要素，那他永远也搞不清楚，因为他永远不知道各要素在经销商及销售员处的成本是多少。例如，如果某经销商在某年卖某型号车超过一定数量，即可依该型号车的销量从汽车制造厂拿到事后的部分退款。当然这要取决于他从该厂买了多少车。顾客永远无法了解这一情况，因此就永远也搞不明白每辆汽车的成本。于是，他不知道确切的售价应该是多少。

成交后的信任

一切都落实在一个词上：信任。如果顾客信任我，他就会买我的车。但我要确保在他付款提车后，他仍然信任我。我要确保在他开车回家、上班、向大家展示并与大家讨论新买的车（包括他付了我多少钱）之后，他仍然信任我。

如果就促使顾客一直信任我而言，有几个因素对我有利。一个是正像我一直说的，如果我卖车的数量超过任何人，那一定是因为我知道如何报出低价。另一个是，人们喜欢吹嘘自己买的车如何便宜，于是他们总是把购车价说得更低一些。此外，我努力与每一位顾客成为朋友，不论我与他是否成交。所以买主一直觉得如果车出了故障，不仅通用汽车公司和雪佛兰汽车梅诺里斯经销店会帮他，而且我也会帮助他。

一旦到了车价谈判阶段，就快到成交的时刻了，但也不是完全到了。如果定金的数额足够大，就能确保成交。我已说过我会尽力拿到足够的现金或有保证的支票，以使顾客同意成交后无法逃避交款。我是说如果我只收10美元或25美元，那么这笔交易仍有泡汤的危险，不论顾客签了什么文件。因为如果他拿了我的报价去别的车行，某个想证明比我动作还快、爱夸夸其谈的销售员可能会以比我更低的价格去引诱他。如果他的报价足够低，顾客就会乐意损失自己的小额定金，从而改买他的车。你永远也不知道成交是否已经完成，除非货款两清了。

你知道我对成功可能性的态度。即使我自认为我是这一行最好的、最雄心勃勃的销售员，我也不喜欢顾客与我谈了一半生意就跑了。这意味着如果一个顾客不想在我们这儿安排购车贷款，那我一定尽力让他离去时留下一笔大额定金，或马上提车并开走。

让顾客先把产品拿走，使他只好成交

是的，如果顾客由于时间或文件的原因而想放弃成交，或不能留下大额定金，我会努力让他先把准备买的车提走。

这称为现场交付。具体说就是马上找出他要的车或几乎一样的车，并让他开回家，就好像那辆车已经是他的了。你可能认为这很有风险，但从我的经验来看，这是一个有效的方法，可以阻止顾客再到别处问价。这一做法对我及我的经销商来说在财务上很成功。事实真是这样，你可以相信我的话。

我确定你能看出现场交付的价值。顾客能把车开回家，车是他的了，尽管车贷及注册的最后细节还没有完成。他将新车显示给大家看，妻子、孩子、邻居、朋友、保龄球队、同事、老板、食品杂货店店主——大家都看见他开着新车。然后我们看看事情的另一面。我已把车钥匙给了他，他已经把车开走了，里程表上的里程已经增加了。他拿到车两三天后才能办完交易手续。他认为我让他开走这辆新车只是因为我爱他吗？当他开着尚没有买下的车已跑了100英里或150英里时，他真的认为他不欠我什么人情吗？最重要的是，他在开着尚没买下的车的情况下是否还会向另一汽车经销商询价？

他不会这样认为。拥有权的问题可能有点把他搞糊涂了。如果他认为已经拥有该车，那么我已与他成交了。如果他认为自己只是在借车开并应把车完好地归还我，那他想对了，而我就没有完成交易。但他在我将车交给他之后可能会做什么？他不会开车四处兜风以图再节约50美元。因为他在提车时签了一个文件，保证一旦交易因任何原因不能完成，即将车完好地还给我。这不是律师所说的不变合同，但它是对一般人的强有力的道德约束。至少对我的顾客来说，它一直起着这种作用。

我不知道你所在地区的法律有什么规定，但在我按照这一方法实施现场交付之前，我一定会查查法律的规定。但是坦率地说，如果真的去查法律文件，我不知道还有哪种更好的方法来保证人们会成交。这些人早该下决心买车，但仍然说"只是看看"而已。如果我在成衣行业工作，我会在顾客仍在照镜子或对着阳光查看布料颜色时，就让裁缝为他度身量衣了。

当你买保险时，保险代理几乎总是用临时保险单将承保范围现场通知（交付给）你。这是一份短期保单，你只要付了保险费金额的极小一部分，保险公司就将短期保单递交给你。在某种程度上，尽管保险公司尚没有核查你申请表上填的资料，也不知道你的支票是否有效，但他们已为你投保了。他们这样做一定利多弊少。我的上述做法也一样——利大大多于弊——因为我把那家伙拴住了，我使他不再到处问价。他不会理会同屋那个自作聪明的人的话："你的车买贵了，我能给你找到批发价。"

但我的收获不仅仅如此，我给了顾客一个他无法拒绝的东西，而且他几乎无法反悔，因为我对他的信任似乎超过了我对任何人的信任。当我回到办公室对顾客说"给我100美元定金，我会让人把你的车备好"时，对方有时会说自己身上没有带钱，而且发薪资之后银行账户上才有钱。如果顾客能开出支票、有良好的工作并看上去极负责任，我会看着他的眼睛并说："你不用付钱。你的保证对我已经足够了。"

你认为我这么说了以后顾客会怎么想？会有点不安并且仍然没下决心？不是。我的话会使他完全不再犹豫了，我完全抓住他了。

或者他会说信用合作社到周五才会批准他的贷款申请，而当天已是周三了。这样他有两天时间要等待。唔，信用合作社的贷款员可能是我的生意介绍人之一。如果他是我的生意介绍人，我肯定我们能让事情办得快一点。即使我不认识贷款员，但顾客看上去很正派，因此我也会让他马上坐进"他自己的"车里。

现在假设顾客提出的一系列汽车的规格我满足不了。许多汽车销售员会对顾客说："别担心，你会拿到你想要的车。我会为你从工厂特别订货。"我不会这么说。如果我库存中有一辆车与他想要的车很类似，我会尽力（包括同意现场交付）让他买这辆车。从工厂特别订货会花好几周时间，一般比你告诉顾客的时间还长。这样顾客会着急，并会在承诺的交付期过去之后到别处另买一辆车。我尽量不冒这种风险。因为其他车或许也符合顾客的要求。

不管顾客要什么样的车，我都有。我不会强迫他接受他不喜欢的车，但一车在手对我们双方来说，总比脑子里想的二十辆车还好。

现在假设我领着顾客到了现场交车处。他看看车说："我想要灰色，而不是粉蓝色。"我告诉他这车很漂亮，而且是最新款，一辆灰色的同型号车要一周后才能调来。与此同时，顾客手中一直拿着车的钥匙。我可能还会装着批评手下人搞错了颜色。如果顾客跺脚说不行，"我仍然要灰色"。那就有麻烦了。但车并不像妻子的衣服，顾客大部分时间都坐在车里面，此外雪佛兰公司为车选的颜色都是好看的。

如果你没做汽车这一行，你可能认为"你这个计谋很肮脏"。我过去对销售一直不太理解——事实上我刚干销售时还很天真。但在卖掉12000辆汽车之后，我对销售的理解更多了一点。假定顾客想买一辆银色的蒙特卡洛车，而且所有选装设备都要，但我的仓库里只有一辆淡蓝色的蒙特卡洛车（所有选装设备都有）。如果从工厂订一辆要好几周，而这时顾客的朋友说应该买其他牌子的车。于是顾客就去看了别的车，并可能真的购买了。他可能想去夏威夷度假，而他取消了买我蒙特卡洛车的订单即可有钱去了；也可能他女儿快结婚了，而他需要这笔钱筹办婚礼；还有的顾客和我说他岳母搬过来了，因此他不能买我的车了，因为他要用这笔钱把阁楼修完，车子只好明年再买了。请相信我，人们给我讲过无数种取消订单的理由。

当顾客决定购买新车时，首先和最重要的因素是车（型号、款式、选装设备等）；第二个因素是价格（价格合适与否？我能付得起吗？）；第三个因素是——也是最不重要的因素——颜色。有的人明确地知道自己想要什么颜色的车，其他人则只有一个大致的想法。经常有人来购车时以为自己想要白色的车，但看到棕色车时就选了棕色车。至于那位想买银色蒙特卡洛车的顾客，如果我当时叫人把淡蓝色蒙特卡洛车洗干净给他看，他十有八九就同意要淡蓝色的车了——因为车就在眼前，他不必等待马上就可以开回家。顾客要的是用好的价钱买一辆车，颜色与车的价值没有关系。我给任何销售员的忠告是：一旦顾客决定买，就尽快把车交给他。这会使双方都满意。

记住：当我在某人没交钱的情况下即让他把车开走时，我要对他十分了解。我们交谈时主要是他说我听，我偶尔问一个问题。我知道他的工作单位、工龄、住址、住房的分期付款已交到什么程度。如果一个人看上去和听上去像个赖账者，那我不会把新车交给他。你会问：如果碰上骗子怎么办？但你忘了，顾客来我这儿不是想骗车的。他开始时并不想买我的车。我是以帮助他下决心的方式把他想买的车交给他，这样我就消除了他的不情愿。在这种事上，没人能骗我。请看记录：我从没在现场交付一事上被人骗过。

请再想想现场交付产生的效果。当我让顾客坐进车里时，他会说："你的意思是在我没从银行获得贷款批准的情况下，你就把车给我？"我会说："你的保证对我已经足够了。"这时我已掌握了他。当然，在他开车离去时，我会很自然地问是哪一家保险公司为他的车保险，因为他在我们的车里也是受保险的。别忘记：他开来的旧车停放在我们车场了，而那也是值点钱的。除非我能肯定现场交付只有合理的风险，并是良好的投资，我才会这么做。如果新车出了事故，顾客知道车不属于自己而也要承担责任。但我不是律师，无法告诉你详情，所以你要了解在本地区该如何操作现场交付。

现场交付是个好办法

如果你卖的东西不是汽车，现场交付对你的效果可能更好。我认识一个维修并出售电视的朋友，他能极其有效地利用现场交付的办法。假设你打电话让他上门维修电视。他会问："出了什么故障？"顾客说电视图像变暗了，几乎看不见了。他会问看了多少年了、什么型号等问题。然后他说马上就带一台新电视过来，这样旧电视送修，新电视顾客可以先看着。

你可以估计事情是如何发展的。顾客的电视十有八九是如今只值20美元的黑白电视，而换个显像管就需要80美元。新电视可能是价值500美元的彩色电视。哇！彩色！维修旧电视花了几个星期，而这段时间里全家看这台借来的彩电已经如痴如醉了。你可以肯定这家人会把彩电买下来。当一个人已见识过彩电的精彩效果后，谁还想再回去看破旧的黑白电视呢？如果我的朋友去家访时发现顾客住在帐篷里或收拾好了衣箱准备离开，那他是不会把彩电留给这位顾客的。他在接到第一次电话及去顾客家时就在做信用调查。

当旧电视修好时，他亦准备好了分期付款的购买协定。这份协定将使顾客可以用旧电视换彩色电视，并每月只付20美元。这家人中有谁会让父亲拒绝该协定而拿回旧电视呢？

我这样做，这个卖电视的朋友也这样做。你对任何商品都可以这样做，但牛排正餐除外。我有生以来拥有的第一件小礼服是成衣店卖给我的，而我本来是想去租一件的。成衣店的销售员找出一件崭新的小礼服，并开始用粉饼在衣服上做标记。我一直对他说我只想租它参加婚礼。他告诉我不必担心，因为他需要把我这个号码的另一件礼服放在租衣架上。他一定准确地掌握了我的心理，因为当我知道我只付了租衣的价格就能穿上很合身的、崭新的小礼服时，我感到很高兴。衣服改好后，我又试了一下，以确保它合身。他帮我配上衬衣、领带及宽腰带，效果棒极了。你猜怎么样？他开始问我有几个孩子及亲友有几个孩子，不知不觉地就向我"证明"：既然今后几年有那么多婚礼要参加，我租那么多次衣服太贵了，还不如买下这件马海毛与真丝混纺的小礼服，还会不停地说，"瞧这衣服多合身！"

人们常说向销售员销售比向大部分人销售都容易，可能的确如此。那位管小礼服出租的销售员讲的情况果然是真实的。尽管我买这件衣服用的钱还没省回来，但它至少使我省了麻烦，不必每次参加婚礼或宴会时都跑去租衣服。

当我谈到用现场交付来销售时，你可能会认为我避而不谈价格。

你说得很正确。令我自豪的是，我报的价格是最低的，而且我有这个名声。如我一再所讲的，要比较汽车的价格对顾客来说几乎是不可能的，因为各型号、各种选装设备的价格变化范围很大。甚至汽车所用的有些颜色的漆比其他颜色的漆都要贵一些。

问题的关键是：汽车制造厂生产的车几乎没有两辆是同一个价格。两辆车一模一样是可能的，但这一情况几乎从不会同时发生在同一地区。这就意味着如果一个到处问价的顾客带着一个报价来我这里，我报出的价格是多少先不说，但我的车与他要的车绝不是一模一样的。所以情况就有些混乱，而周转余地也就必然会存在。我不会试图把他搞糊涂，我没有这样做的必要。如果我报一个极低的价格，那是因为我的车（与他要的车可能很类似）成本要低一些，或我愿意将车卖给他时少赚一些，或两个原因都有。事实是由于我卖的车很多，我可以承受每辆车少赚一些。许多销售员都争取每卖一辆车都拿到高利润，因为他们没有吸引大批潜在顾客的知识。他们不理解这样一个道理：如果每天有10~12个人专门来找你谈交易，那你就能通过报较低的价而多赚不少钱；如果每天只有2~3个人专门来找你谈交易，那你就赚不到多少钱。

我与顾客的交易有时也谈不成功，这时我会让他去另外两家汽车经销商询价。我会告诉他我可以比他们的报价低500美元，我这么说可能有点夸张了。但我不会用铁链将他锁在墙角，我让他出去，因为我知道他会回来的。当他确实回来时，我要他将询问来的两个报价告诉我。否则，我就无法比较价格。一旦我得知他询问来的两个报价，我的报价或是比他们更低或是差不多，那么我几乎不可能比他拿到的最低报价还低500美元。但顾客有时会询问到很高的报价，这可能是因为那位销售员很贪心并以为自己碰上了容易上当的人。但我的报价通常能比他拿到的最低报价还低30美元~50美元。

顾客听完我的报价后会说："你说过你可以降500美元，可现在你只降了50美元。"我会向他指出我的车有额外加装的设备，或者我会说："没想到你真会买东西。这两个报价已是全市最低价了。我只能降这么多了。"事实上可能也确实如此。我是说了可降500美元的话，这使对方又回来找我了。现在我只降了50美元，顾客会掉头离去吗？可能不会。我已夸了他真会买东西，我靠降低50美元就能和他成交。

神奇的字眼

顾客想听的是我的巫术咒语——"我的价格比你得到的报价低"。对每一个首先到处询价一番的顾客来说，我总能说到做到。其实我每次都想做到这一点。因为我想卖掉一辆车，即使我少挣一点佣金。毕竟，少一点也比一点儿都没有要强。我这一行的利润还是不错的，因此值得我经常在别人报价的基础上再合理地降一点。赚钱使我感到高兴，省钱使顾客感到高兴。我的报价比顾客拿来的最低价格还低，这样双方都高兴。

把价格降得足够低有时不仅仅是再降几美元利润和佣金的事。为了报出低价，我有时要劝顾客减少选装设备，如更大的发动机（你要这么大一个汽油燃烧炉干什么），或者是后轴系数（这只能使你一年节约0.5美元的汽油），或是空调（你每次开空调要花50美元，我们这个地方一年有几天热得需要使用空调呢）。

但不论我向顾客销售了什么，他开车离去时，都知道我和他做的是公平交易。从没有人指责我对销售的东西做了虚假的陈述。从没有人与我成交后认为自己对交易条件不清楚。我的名誉对我太重要了，所以我不会干那种事。在我认识的汽车销售员中，大部分人也不会干那种事，不论外人说什么。

销售员有时会在诱惑之下与顾客就贷款及月供玩玩游戏。这是你能做的最坏的事，但目前它给人的感觉也不是特别坏了。许多顾客觉得总价的问题是第二位的，而他们最关心的是每个月付多少钱。好，让我们看看这个游戏的玩法：顾客想买某型号的车，而销售员感觉到顾客只关注总价。于是销售员不再销售对方能买得起的车，而是为车增加了许多要另外收费的设备。顾客在谈到安排货款时表示希望和上次一样，每月付93美元左右。销售员说"差不多这个数"。当银行的付款登记本寄到时，上面写的月供是135美元。如果顾客由于信任销售员而签了字，那他就有麻烦了。但是销售员也有麻烦了，因为他使顾客3—4年的收入大大缩水。没有人一辈子只买一辆车。但这位销售员只能与这名顾客成交一次，而且对方会向250个人说他的坏话。

我不希望这一情景发生在我身上。因此当顾客买我的车时，我会向其说明车的细节、月供是多少、分期付款一共延续多少个月等。销售员有时会把月供额降到顾客要求的水平，但付款期从2年变成了4年。如果顾客在签字时知道这一细节，那也算公平。但如果顾客在收到银行寄来的付款登记本时才知道实情，那么该销售员就伤害了顾客的心。

我并不是说劝顾客买较贵的东西就一定错了。如果我能这么做，我也会劝顾客买较贵的东西。有时在顾客成交完回家后，我会打电话给他并试图销售某些要另外收费的设备，比如更高级的收音机、防锈处理、更优质的轮胎等。但我让他了解这些设备的细节，而且如果他不愿买，我就不坚持了。至于付款，我会对他说他的方案花钱更多。比如他想拥有像上一辆车一样的付款期，那就要修订预算并放弃某些设备，因为付款额会变得更高；或者如果付款额不变，贷款时间就会延长6—12个月。这是销售的一部分。如对方承受不了，我也不强求他接受。因为我不希望对方的车被银行收回，因为这样我就永远失去了他、他的朋友和亲戚，而这种情况我可承受不起。

不论你多么善于劝顾客买更多的东西，你一定要让对方及时了解他已同意购买的物品，否则，你这笔交易就是拙劣的。当你伤害顾客时，你也伤害了自己，而且还伤害了我们。因为坏的名声会使我们大家都受到伤害，所以不要耍低劣的花招。

要记住：没有人——包括我——能向每一个人销售成功。你不必靠强迫或说谎在销售行业获得成功。该做的事只是用自己的大脑、撒下足够的种子并且尽可能地填满菲利斯摩天轮上的座位。如果你做得正确，你就能得到很高的收入，并且凭自己的良心做事。我已用自己的业绩证明这是可以办到的。

关于成交，如果顾客一直与你谈，那他是想买的。牢记这一点，你就能屡战屡胜。

提示：怎样让他人更愿意与你合作

1. 不管你对某人过去的偏见有多深，都当一个新朋友一样去认识这个人。
2. 光明正大地处理问题，问题往往最好处理。
3. 把热情和活力全部投入你的人生，每天都当成自己的重生。
4. 要让今天做得比昨天好。
5. 学点心理学，让自己更懂得他人的心理诉求。
6. 不要和自己较劲，更不要和别人较劲，解决问题就好。

十七　售后服务决定你成功的高度

题注：成交之后，依然不要忘了250法则

所有的零售业都能计算出开发一个新客户需要多少成本，除了有形的金钱花费外，还有无形的时间、心血和汗水等成本。一个刚入行的股票经纪人可能得打近百个电话，才能促成一单成交。一个不动产经纪人要把附近居民区都拜访一次，才有可能把顾客名单列好。假如一个销售员的成交率是20%，做成一笔交易需要多少时间？上述种种无不显示做成一笔交易需要多大的投入。所以，得到一个顾客，千万不能轻易失去。即使有时过错不在自己，也应该尽可能地处理好问题。有时候，吃亏就是占便宜，顾客在你这儿得到了不计较的恩惠，他必然会内疚，只要有机会就会光顾你的生意。

老顾客是最重要的顾客资源，80%的生意是靠20%的客户带来的，而这20%的客户就是回头客。乔爷在本章节尤其强调了售后服务的重要性。不要忘了，每一个老顾客背后都有250人——250法则永远有用。

我们知道，只有顾客对消费感到满意，他才有可能成为回头客，而"满意"更大程度依赖于顾客消费时的感受和体验。如果顾客的感受是美好的，就会有重复消费的可能。所以，销售员必须深入了解顾客的特性和需求，为他们提供更有针对性的产品和服务，而不是片面着眼于价格竞争。为顾客营造一个愉快而难忘的消费经历，让顾客产生非常满意的感觉，这样才会使顾客成为回头客，进而变成忠诚的老顾客。

要留住老顾客，提供恰到好处的个性化服务，就必须收集顾客信息，建立良好的客户管理系统，掌握顾客的个性需求尤其是个人偏好，从而为顾客提供高水准的个性化服务。有名的卡尔顿酒店，为了留住每一位顾客，他们制作了顾客偏好卡，把顾客的喜好记录下来。当顾客再次光临的时候，就会享受到同样的服务。比如客人第一次住店的时候酒店提供了水果，如果客人只品尝了香蕉，当顾客第二次下榻时，酒店就会特意布置多一些的香蕉。深入了解顾客的需求；全面掌握顾客信息；长期为顾客提供质量稳定、可以信赖的优质服务；与顾客建立深厚的感情，因此能够吸引众多的顾客。

除此之外，打好感情牌也能留住老顾客。"人非草木，孰能无情。"情感是人类共同行为的重要基因，很大程度上影响着人类的思想行为，同样是服务，倾注了情感的服务，一定是真诚、贴心、到位的服务，也一定是让顾客满意的服务。本质上讲，顾客满意度反映的是顾客的心理状态，在顾客对某种产品或服务消费产生的感受与自己的期望进行对比后，就会产生一种心理评价。

研究显示，开发一个新顾客的成本相当于维护一个老顾客的5至10倍。随着买方市场的到来，市场的边界、价格战的底线逐渐显现，与其出海撒网，不如在家养鱼。所以能使客户满意，提高客户满意度就可维系住老客户，进而使其发展成忠诚的客户。而忠诚客户每增加50%，你的利润增幅可达到25%—85%，可以说客户满意度的高低决定了你的生存与发展空间。

所以乔爷认为，不以服务为导向的销售员，前途一定暗淡无光，未来也到处是挫折与失望。他们会成为每天辛苦工作却只能勉强糊口的大多数，永远无法建立起坚固的客户群，每一年都必须像刚入行的新手一样重新来过。

在本章中，乔爷为我们提供了4个办法，供我们理解如何做好售后服务。一、记录成交后的细节。二、正确处理卖出次品后的问题。三、继续和顾客保持联系，延续销售的长度。四、自己总结销售经验。

各种高科技产品，在生产制造之时，就得把服务因素考虑进去。企业向消费者提供经济实用、优质、安全可靠的产品和售后服务是维护其本身的生存和发展的前提条件。虽然当代科技使得产品的质量问题有了极大的保证，但是要做到万无一失目前尚无良策。由于消费者的使用不当或工作人员的疏忽，各种产品的问题随时都会发生，再优秀的生产企业都不可能保证绝对没有问题产品或引起顾客投诉的错误发生。因而及时补救失误、改正错误，有效处理客户的投诉等售后服务措施，是提高客户满意度的重要措施。由此可见，记录成交细节，是为了方便日后的问题处理。而继续和顾客保持联系，则可使他不会觉得你的目的只是完成一笔交易，不会增强他上当受骗的疑虑。这样，他便会更加信任你。只有不断总结销售经验，你才能更从容地解决销售中的问题。

记录成交后的细节

我成交后做的第一件事就是找来档案卡片，将与买主有关的一切情况及他买的车的细节记录下来。同时，我会给这位顾客寄出一封特别的致谢信。我认为这是很明显要做的事——感谢顾客买我的东西。你会惊奇地发现很多销售员都不这么做，这意味着顾客一定会注意我的致谢信，因为它是很罕见的。

我在致谢信中告诉顾客能把他想要的车卖给他，我感到十分高兴。这封信还会提醒顾客如果他介绍任何一个人来买我的新车，我即会付他50美元，这是提醒他当生意介绍人的极好时机。他卖车时你就告诉他了，现在他正向邻居和同事展示或讨论该车时，你又来提醒他。我的规矩是卖车的当天就寄出致谢信，所以我绝不会忘记。

很多销售员在交车之后就不再理会刚刚离去的顾客。当车出了故障，而且顾客又找来的时候，有的销售员还躲着顾客。他们认为顾客的抱怨和问题是终会消失的令人讨厌的事。但这实际上是你所能拥有的最糟糕的态度。

我是这样看的：维修问题和顾客的其他抱怨是一切生意的正常部分，不论你是卖什么的。如果你能适当地处理，它们会有助于你将来卖得更多。当顾客带来一辆有严重故障的新车时，如果车是我卖掉的，维修部的人知道应该通知我。我会出来安慰这位顾客，我会告诉他我将确保维修十分到位，并确保他对汽车的各个方面都十分满意，这是我工作的一部分。如果顾客的车维修完成之后仍有严重的问题，我的职责就是站在他的一边并确保汽车得到适当的维修。我将代表他与机械工、经销商及汽车厂据理力争。

如果有人从我手中买了一辆次品车——这种事有可能发生——我会努力帮他换成正品。我会采取一切必要的措施帮他换车。有时我甚至自己掏钱做一笔投资。例如，大部分汽车经销店即使对新车也不包四轮定位。毕竟，车主在买车的第一天就可能驶过凹凸不平的路面，严重的话，还要重新进行四轮定位。一旦顾客将车开来并要求做四轮定位时，我会自费安排工人为他做。我为此只花6美元（可抵税），而此举使顾客感到了我真心愿意使他满意（但我也会客气地告诉他下次不再免费做四轮定位）。

站在顾客一方是有价值的，这一点很明显。我这么做就成了顾客的朋友，而顾客会到我这儿买第二辆车，并会向许多人讲我的好话。这么做是赢得顾客的最好办法之一，它能使他们信任你，并相信你是一心要使他们满意。

我把对顾客的投资看作是一种长期投资。我不会只向他卖一辆车，很久以后，在他对该车不满准备将它弃之不管时，我希望他想买车的时候依然会找我。我还想卖车给他的朋友和亲戚。我另外还想在他的孩子长大后卖车给这些孩子们。因此当顾客买我的车子时，我会让他喜爱这一经历，记住这一经历，记住我并向自己遇到的每一个需要买车的人谈起这次经历。我把每一个顾客看作我一辈子可享受的年金保险投资。所以我一定要让他们满意，并一定要让他们信任我。

我认为人们买我的车是因为他们受够了欺骗，受够了被伤害。销售员会以高价骗他们买车，可他们需要维修车时销售员却躲了起来，这时顾客知道发生了什么事。顾客可能曾经轻易上当，你只要给顾客一次冷遇，他就知道自己被骗了、被蒙了、被坑了。

但我的顾客不会被骗。当顾客因故急于买车时，许多销售员会企图乘机骗他。他们会利用顾客急于买车而用高价坑他，顾客多询价几次，就知道可能贵了600美元。碰到这种顾客时，我可能不会让他先把车开走。我为什么要这样做？如果顾客不愿多询价而想马上成交，那我能为经销商赚到可观的利润，为自己赢得较高的佣金。这对每个人都很公平，但我不会因为顾客急于购买而坑他。你要这么看这件事：如果一个顾客急于购买并出了高价，他总会发现自己受骗了。于是，他会勃然大怒，并开始说这辆车、经销商和销售员的坏话。谁希望出现这种情况？我不希望。虽然我可以承受失去几个顾客，但我不清楚哪个顾客会让我失去一大笔年金保险投资。此外，当我的顾客们都满意时，我也会很高兴、很开心。

将柠檬变成桃子——卖出次品后怎么办

当顾客发现了车存在质量上的问题并开车来维修部解决时，我及我的手下会花许多时间和精力来处理这些问题。因为我们要打电话并找到可以施压的单位，以便尽快修好顾客的车。与买别的销售员的车相比，买我的车至少有500美元的附加价值，因为我会尽力解决顾客遇到的问题。我不会逼顾客为这种优质服务多付钱。不论顾客的车买得多便宜，他都能得到我的这种优质服务。我不会在档案卡片上标注因他的车买得便宜，我便不再提供其他任何服务。每个顾客在我这里都能得到同样优质的服务。

我认为这一原则在任何行业都应通行。如果我在大减价时买了一套西服，我期望它和以原价出售的西服一样合体。如果我感到店家并不试图做必要的代客改衣来使西服合体时，我会要求他们试图那样做。而且在想买另一套西服时，我会记起他们上次给我的待遇。

汽车维修对许多人都是一个谜。过去汽车构造比较简单，每个维修工都自认为完全懂得车的工作原理，并知道如何修车，但现在汽车的结构已变得更加复杂。虽然汽车更先进了，但许多人在车出故障时会感到十分无助。我认识的几个人为了听懂修理工的谈话，专门去夜校听汽车维修课。

这又使我们想到次品问题。次品不会经常出现，但有时也会碰到。这可能是因为工厂的质检员醉酒未醒而通过了对这辆车的质检，或因为供应商在某个重要零件的加工上偷工减料。我不想贬低汽车制造业的任何人。但有时候一辆车的零件会装错，却能被开下组装线、开到停车场并通过最后检验，但其严重故障随后就会出现。我估计这只是一个可能性的问题。某辆车的传动系统可能需要调整，另一辆车的活塞可能与汽缸不匹配，还有一辆车的后轴中可能有一个不合格的齿轮。维修工可以很容易地发现这类问题并加以解决。但万一这一切都发生在一辆车上（这有几十万分之一的概率），那会怎么样？顾客就拥有了一辆次品车。

遇到一个故障，顾客就来修一次，几天后又遇到一个故障就又回来修。许多汽车经销店对这种顾客的态度是：这个讨厌的家伙又来了。哦，让我告诉你：当一名顾客买到次品车时，唯一讨厌的家伙是不帮他解决问题的人。

解决好次品车的问题并不容易。我与店里维修部的人关系都很好，我早上会为他们买咖啡，他们妻子生孩子时我会送礼等。但修车的开支是生意上的开支，因为我的顾客来维修时我会认真对待。我也知道人们有权利来雪佛兰汽车经销店访问我们。如果我们店里解决不了顾客的问题，我会给市里的某个修车高手打电话，以确保我的顾客得到他有权得到的服务。

所有这一切花了我不少的金钱和时间。但我认为我别无选择。请想想这样一个情景：一个刚刚死去的人躺在殡仪馆，大家前来对他致以最后的敬意。而他的一位朋友回家后会刮胡子、换衣服并且放弃晚上外出打保龄球，以便去和自己的朋友见最后一面，而且还会有250人都赶来看他。请想想这位躺在缎子镶边的棺材中的死者对大家的影响力吧。每个人都有这种影响力，我们销售界的每一个成员都不敢得罪哪怕只是一位顾客，因为对方的生活会影响250个人。

如你所知，人们常常谈论汽车。在美国许多地方，汽车是人们最爱谈论的话题，它甚至比天气这个话题更受欢迎。我总在想，现在就有人在谈论自己如何买了一辆新车，但突然就出了很大的故障。他会多次将车送去修理，但总也修不好。于是他就不会再买那种车了。有一名顾客也会讲这种事，但他会在最后说："我把车的问题告诉了我的销售员乔·吉拉德，于是他立刻帮我修好了，修得比新车还棒。"我知道人们称赞我对他们好，因为我听他们说过。当顾客进店来打听谁是乔·吉拉德时，我总会问他们是怎么听说我的名字的。这是一个极好的开场白。我惊喜地发现有许多人说："别人介绍说买你的车便宜，而且维修服务也很好。"

我不想让你觉得我是一个自以为了不起的人，但我认为我的名声为我的销售事业增光不少。我确信：我的名声对我的生意大有好处。

我希望此时你已经理解我做了许多其他销售员不会做的事情。我还希望你理解我做的事大家都可以做到。我善待顾客，顾客知道我真的关心他们，所以他们相信我。但我做事不是出于爱，而是出于想赚钱。我常说我最喜欢做的事情就是睡觉。睡觉是我的爱好和我最喜欢的消遣，所以当我早上不得不起床上班时，就该有人为此付出费用。

但是当我善待顾客时，没有人会对他人说："吉拉德善待我并不是出于真心，他只是为了赚钱。"我是出于真心的，而且也是为了赚钱。但善待顾客比这种做法更令人愉快：把顾客当"闲人"，并在顾客来修车时避而不见。

我认识一位男士，**他的全部成衣只从一个店的销售员那里购买。**他是看中了橱窗里的展示之后走进这家店的。当时正好轮到这位销售员接待他，他们成交了。后来他每年都找这位销售员买衣服，而且每年会从他那里买两三套西服，即使他并不需要这些西服，因为他上班时很少穿西服。但销售员会特意了解对方喜欢什么，并在对方买衣服时帮他挑选最合适的款型。有时他进店时，销售员会告诉他没有来他喜欢的新货。对这位顾客来说，能否证明销售员说错了几乎成了他的一种挑战。

有一天，他又来到店里要求见那位销售员，有人告诉他那位销售员退休了，然后他就走开了。他又看了一会儿衣架上的西服，甚至试穿了一件上衣，但没人过来招呼他。最后他走了，再也没来过这家店。所以，不要告诉我销售员与顾客之间的关系不重要。

我卖的东西有几十万销售员也在卖。你可能认为一辆雪佛兰车就是一辆雪佛兰车，你可以在美国的任何城市买到它，它们都是一样的。对吗？错！吉拉德卖的雪佛兰车不仅仅是一辆汽车，它是我与顾客、他的家人、他的朋友、同事等的整个关系，总共涉及250人。

你一定以为自己以前听过这些道理，但我要一直说下去。因为我相信这个道理，而且我知道这个道理确实行得通。对我来说，这是世上最显而易见的事，它使我的经商生活很有意义，也使我获得了不少回报。我要一直说下去，因为尽管它对我的作用很明显，但对其他人的还不太明显。否则，为什么有些销售员难以养家糊口，而有些顾客却会认为销售员都是富有的骗子？

我一直在和你讲售后服务有多重要。我已说过我总在售后向顾客发出致谢信。我还介绍一旦顾客买了我的车后，我会如何帮助他们维修。因此，你应该了解我在尽力与他们继续成交，我不仅做了我介绍的那些事，而且我还要做另一件事。

继续和顾客保持联系，延续销售的长度

即使成交以后，不再听到某位顾客的消息，我也会主动与他联系。许多销售员拿到佣金后就忘掉了顾客，尤其当顾客的车没有发生故障时。但正如你所预料的那样，我对事情的看法与其他人有很大的不同。如果某人买了我的车，他会收到我的致谢信，而且他需要修车时，我会让维修部帮助他。即使他不需要帮助，他也会接到我的电话。

我与顾客成交几个月之后，我会查看顾客档案并开始逐一给他们打电话。你可能认为这是自找麻烦，但我认为这是在争取未来的生意并确保拿到它。请想想一般人从一般销售员那里买车的典型体验。当买完车后，顾客能开心地离开就觉得很安慰了。但我的顾客则有不同的体验。我工作很勤奋，这一点他们都知道。当买完车后，他们也会感到很欣慰，不是因为逃离了销售员强行销售的魔爪，而是因为他们的购买体验很美好。他们一开始时很恐惧，但后来因为结果好于预期，所以感到很满意。

我会打电话给顾客，问汽车的使用情况如何。我通常在白天打电话，这样就能与顾客的妻子聊上几句。如果他们自买车以来没有再来找我，那我估计车子没有毛病。顾客的妻子通常会说车子蛮好的。我会问车子出过故障没有，我会提醒他们来做保修所需的例行检查。我会让她一定告诉她丈夫：一旦车子有任何毛病（噪音、里程表有问题等）请立刻开车来店里找我。然后我会问她是否知道哪个朋友想买车。我会说如果她介绍亲友来买车，我会付给她50美元的介绍费。如果她说她妹夫前一天晚上还在念叨车子太旧，我就会向她索要她妹夫的名字和电话号

码。我还会请她帮忙给他打个电话，而我随后也会打电话给他。我会提醒她50美元介绍费的事，然后说再见。

这位妻子十有八九会告诉丈夫我来了电话，问他们的情况如何以及车子是否OK。如果他从没买过我的车，他会吃惊地从椅子上摔下来，因为人人都认为销售员（尤其是汽车销售员）不会在销售以后仍然想着顾客。我可能会向她妹夫卖出一辆车，这样就会延长善意和好生意的链条。因为她拿到了50美元的介绍费，而她的妹夫成了我在他家的第二个满意顾客。这样每隔三五年，这两名买主必定要来买我的车。

用自己的大脑总结销售经验

既然我介绍的办法如此简单易行，那为什么大部分销售员都没有这么做？我自知并不比一般人聪明，我也知道自己不比别人更优秀，但我可能把销售琢磨得更透，并会梳理出来一整套的销售方法。这可能是因为我入行较晚、没有听到过通常的所谓忠告，所以只好发明自己的销售方法。我不知道大部分销售员信守的老规矩，即在大厅一边闲聊一边等着"闲人"、讨厌的人或有怪癖的人上门。我对成功的渴望也可能更大，但我明确知道的一件事情是：销售员在终于拿到订单的那一刻充满了兴奋和激动。然而，销售员们不能忘乎所以。他们得到了自己想要的东西，但却不能忘掉应该做的售后联络，以便顾客乐于下次再来购物或介绍他人来购物。

我告诉你这一点是因为我理解它。我理解这种急于成交和握钱于手的渴望，我对它的理解与其他人一样，甚至更深。因为我很理解这一种渴望，所以我不会让它冲昏我的头脑。如果我通过1小时的工作就赚了

150美元，我知道有一种诱惑会让自己认为这一行的利润就是如此，每个人的报酬都是这样的。但当我感到这种诱惑正在到来时，我也想到了对付它的办法。

什么办法？那就是用你的大脑去思考。卖车的人无法在一两个小时内赚150美元。你或者花了许多时间和精力来培养生意机会，播种、填满菲利斯摩天轮上的座位——或者你在许多小时内无所事事。如果你一天卖一辆车可赚150美元（这已算比较高的佣金了），那并不是你工作1小时就赚150美元。你工作一天可赚150美元，这个水平还不算坏。事实是如果你一天卖一辆车，那你的业绩已经大大超过一般的销售员，但你仍不能1小时赚到150美元。

我每天卖5辆车以上，而且据《吉尼斯世界纪录大全》来说，我是世界上最伟大的销售员。我知道我要花许多时间和精力来做这份工作，我做这个生意花了自己许多的佣金。但这是值得的，因为我卖掉的车更多了。我对工作的感觉更好了，而且我获得的税后利润仍比国内任何汽车零售销售员都多。我为做生意花了不少钱，虽然这些在《吉尼斯世界纪录大全》中没有说明，但我保证这千真万确。所以如果你在倾听我的讲述，那就继续倾听吧！因为我讲的全是关于如何让顾客满意以及让你赚钱的事。我一年将近卖出1400辆车并赚到200000美元，没有人会说我为此付出的努力并不值得。如果你是我们这一行的真正职业销售员，你一定会同意我这么说。

在成交之后要继续销售——你挣的钱将越来越多。

提示：不断超越自我

1. 不要轻易发怒，人们对负面情绪有着与生俱来的抵触。

2. 尽量不要找人抱怨或诉苦，这会让人看轻你。

3. 不要谈论自己，我们对自己的评价不是过低，便是过高。

4. 注意自己的谈话内容和对象，要考虑对方的政治、社会、宗教、生活等全部因素。

5. 不要批评他人的配偶，不要批评他人的孩子，不要批评他人的父母——最好不要批评他人的一切，因为这一切除了满足你的口舌之能外，只会给你四面树敌。

十八　超越自己的局限

题注：个人是有限的

　　人的有限性是一个不争的事实，于现有的证据来说，生命，有血有肉的、尘世的生命，于每个人都只有一次。并且，无论科学技术如何发达，医学的发展如何帮助人延长其生命，每个人的寿命（life expectancy）也还是有一个大限。不仅个人，每一个人出生伊始，他就处处受到限制。在他有自我意识和选择能力之前，在相当程度上被遗传基因、被他将要在其中诞生的社会规定和限制在一个范围之内了。即使他后来培养起了理性判断和意志选择的能力，他的每一个选择同时也是一种限定、一个限制，选择了走这条路就不能走那条路，而那种似乎保留了某种形式上自由的三心二意者反而只会一事无成。

　　《史记·龟策列传》记载了一件事，据说宋元王二年的时候，有一只大龟被一个渔夫豫且捕到了，于是大龟托梦于元王，请他解救它，当元王得到大龟想放走它时，却遭到其大臣卫平的劝阻，经过一番辩难，元王终于把龟杀了，再用它的甲骨来占卜战争等大事，无不灵验，宋国一时成为强国。

　　使我们感兴趣的并非这件事，而是由此事引发的一段议论。人们的评论是：这只龟虽然很神，能托梦于元王，却不能使自己从渔夫的笼中脱逃；能使占卜者百战百胜，却不能自解于刀锋之灾。神龟尚且如此，尚且有所不能，何况是人？同样，无论我们多有想象力，也想象不出来自己想象不出的事。无论我们个人多么有能量，也做不到自己做不到的事，所以每个人都必须尽可能地与他人合作才能取得更大的成就。而且我们可能恰恰需要通过认识到自己的有限性来追求无限，通过认识到自己的不足来寻求超越。如果自身已是圆满具足，那也就没有必要寻求超越了。承认自身的有限性，与他人进行良好的合作，正是超越自身的第一步。

常言说"一个篱笆三个桩，一个好汉三个帮"，"一人成木，二人成林，三人成森林"，都是说，要想做成大事，必定要充分与他人合作，建立强大的关系网。

乔爷就为我们展示了积累顾客的路径，一是雇用他人，二是熟人介绍。雇用他人不必说了，每个雇用他人的企业都是因为自己忙不过来。我们重点谈下熟人介绍，这是一种事半功倍的顾客扩展方法，具有倍增的力量。一个人的能力再强，但是他的精力和时间是固定的、有限的。一位营销人员要想在短时间内开发出大量的客户资源，只有利用介绍机制，才能使销量产生一生二、二生三、三生万物的乘数效应。为什么我们这么喜欢熟人介绍？因为这意味着知根知底，意味着与自己合作的人更可信。这种加快了与人信任的速度，提高了合作成功的概率，还降低了交往成本。

只要我们向往的是乔爷式成功，就应该学习他与他人的互动，他是一个非常善于亲近别人的人。哪怕是个理发师，他也能与之建立良好的关系。但我们中的很多人，在人际交往中，总害怕太主动亲近陌生人，害怕遭受拒绝。其实每个人都有恐惧心理，通常情况是这样，外表有多冷漠，内心就有多热情。只要不是强行灌输什么而是友好交谈，绝大部分人都不忍心拒绝别人的。

当然，无法否认，人与人的交往在"自然"的情况下将更顺利，这样有助于建立情感和信任。透过社团里面的公益活动、休闲活动，更容易产生人际互动和联系。

所以有一个民营企业老板，他参加了全国性、区域性、行业性的社团组织足有十个，每个社团的活动，每年至少参加一次，每一个社团里，他至少也有三四个关系密切的朋友。他说："我企业里70%以上企业外部的事情，都是依靠这些朋友的帮助和支持来顺利完成的，没有他们的鼎力相助，至少要有50%的事情我没办法实现。参加社团有时候费点钱，费点时间和精力，可是带来的效率和效果却是巨大的！"

懂得雇佣他人

我一直告诉你，为了发展生意，为了不断有顾客来找我买车而做的所有事情。你可能都理解了，但心里却在想：如果一个凡人要做这么多事情，哪有时间每天吃三顿饭呢！

让我们再看看我的历史吧。1963年是我入行销售汽车的第一年，我总共卖了267辆车。做这一行的任何人都会告诉你：如果一个销售员一年能卖掉267辆车，那他的收入一定很可观。他并不会得大奖，也不会被载入《吉尼斯世界纪录大全》。但不论在当时或现在，他都能挣到相当多的佣金。我1964年的销售业绩是307辆，1965年是343辆。到1966年，我已开始好好研究哪些方法对我有效，并开始重点使用对我最有实效的方法进行销售。换句话说，我已经了解自己的优势是什么，并开始尽量利用自己的优势。我开始发出我自己设计的直邮信件。我开始利用生意介绍人，而且这时我发现顾客并不是"闲人"。

1966年是我真正基于经验和仔细的自我分析而操作的第一年。这一年我不再靠直觉和感觉来做事，那么我这一年的业绩如何？1965年我卖了343辆卧车和卡车，但1966年我的业绩一下子升到了614辆。我的车卖得多了，钱也挣得多了，但我也累得够呛，而且经常加班写文件和打电话。到1969年年底，帮我核算所得税的会计师看了一下我的纳税数字说："乔，你太玩命了，而且你把收入的一半都交给政府了。你为什么不花点钱雇人做你的助手呢？那只会占你商务支出的一半，而且你能更专注于你做得最好和最喜欢做的事，即成交。"

请重读一下他对我说的话。我要感谢我的会计师，因为他可能救了我的命，并最终为我带来了更多的生意和利润。对于已达到相当高的纳税等级的任何人，我已无法用更明确的语言表述我的意思了。事实上，我当时与我的会计师讨论过此事，他说年收入20000美元以上的销售员都雇得起某种兼职助手。关键一点是我雇助手的钱会帮我挣来更多的钱。这就像一种资本投资，我没有买一台机器，而是买了一个人的时间以便让我放手去做我最擅长的事，即成交。

记住，没有谁可以单独做销售。不论你是否这么看，如果你要向顾客销售，那就需要别人的帮助。你要利用电话、邮局、公司里的同事（如秘书、档案员、机械工、裁缝及其他人）。你要让其他人去完成他们比你更擅长的工作。

当按名单给顾客寄信的工作开始占我太多的时间时，我就开始雇人帮我了。我雇了高中生兼职帮我写信封和装信。如果你的寄信名单上有几百人以上，而且寄信量十分大，你就无法抽出足够的时间来完成寄信的事，除非你认为自己每小时挣不到1.5美元或2美元以上。我是认真的，对数字就应该这么看。如果你每小时只挣5美元（我相信你每小时挣的钱要更多），你仍可以每小时1.5美元雇人为你做非销售性的杂务。因为即使你每小时只挣5美元，你雇人帮你之后仍可挣3.5美元。这是简单的算术，你不可能找出理由反驳它，除非你喜欢做非销售性的杂务。如果你真的喜欢做非销售性的杂务，你就不应该经商。你不做销售可能更开心。

与会计师交谈之后，我马上雇了一个我几周前认识的年轻人。当时我的一个朋友让他跟我学销售。于是我让他负责帮我招呼顾客。当时有许多顾客专门来找我。当我与一名顾客成交时，经常有其他顾客等着见我。我的一些顾客流失了，因为他们等得不耐烦就走了，有时我只好叫另一名销售员去接待他们。此外，还有一些顾客的流失是因为我们刚要成交，但被新来的顾客或打来的电话打断了。我现在与顾客成交时从不接电话。我雇了一个人在办公室帮我接电话，而且打电话找我的人谈的都不是私事，因为我已经向大家讲明不要在上班时打电话找我谈私事，除非情况紧急。

于是我雇了这个小伙子帮我。我训练他招呼顾客、向顾客解释说我现在正忙，并保证会尽力帮助他们。他会先和顾客谈谈、了解对方有无经济条件买车、领对方看车并回答对方的提问。他还要仔细检查对方拟作冲抵的旧车，并领对方试驾新车。然后他会打电话到成交办公室找我，并向我介绍情况。我训练他发现线索，以了解潜在顾客的个人爱好、旅行情况、家庭需要以及是否已到其他车行询过价。他还会向我介绍顾客开来的汽车的磨损状况。

我雇了这名助手之后，收入增加了不少，抵消了雇他的开支还绰绰有余。他挣了钱，而我也挣了钱。一旦我看到了他的价值，我就知道这么做是对的。1966年我卖掉了比1965年多一倍的汽车，但这一年我没有助手，差点儿被累死。1967年我不可能没有助手而一个人做所有的一切。但我不能停步不前，我要继续打破卖车纪录。我打破了其他所有人的卖车纪录后，我要接着突破我自己的卖车纪录。

最大的对手是自己

你想知道我在和谁竞争？我在和我自己竞争。我想让自己明天的业绩超过今天的业绩。我已无法和其他任何人竞争，因为我已经超过了他们的纪录。我曾经读过一篇文章，说伊利诺伊州有一名卖凯迪拉克车最多的销售员。我猜他是卖凯迪拉克车最多的人，但我看了他的销售额之后发现，尽管卡迪拉克车的售价是雪佛兰车的2倍，但我的售车数量是他的3倍，而且销售金额是他的2倍。我拿到的佣金是他的2倍以上。所以除了乔·吉拉德，我还能和谁竞争？没有人了！

我不断打破自己以往纪录的唯一办法是自费雇人帮我增加交易量。否则，我的交易量达到一个限额就无法再增长了。这不但会使我难受，还会使我的销售量和收入不再增加。销售是我快乐的源泉，而金钱是对我的奖励。

从商业角度看，更重要的是雇人能使自己腾出时间来干最有成效的工作，从而使自己产生最大的影响力。如果你是职业销售员，你最伟大的技能和最大的快乐就是成交。这就是销售中最关键的一刻，这就是销售的胜利、力量和光荣。

我雇一个助手以使自己把大部分工作时间用在成交上。1970年我雇了第一名全职雇员，他的名字是尼克·伦茨（Nick Renz）。他现在仍和我在一起，是我的助手，负责业务的行政部分并帮我处理其他业务项目，尤其是我到销售员社团的演讲及我的销售示范影片计划。我的儿子乔伊也为我全职工作。他们两人的工资水平在许多销售员看来是不错的。我通常付给他们相当高的工资,能让他们比自己单干时挣到更多的钱。

如我所述,真实的情况是我们每个人都不能单打独斗。我们卖的汽车不是自己生产的。许多销售员不负责车的运输。我们只是一个庞大的、人人互相依靠的经济系统的一部分。关键是要领导这个系统的一个部分,这样你就能从他人的努力中获得利润,即使你为对方的工作付出的仅是公平的价钱。

我儿子乔伊现在负责整个业务的前台部分,具体说来就是负责招呼顾客、让他们排队等候并尽力先了解顾客的相关信息。他不仅是接待员,还是我们的情报特工。他领顾客看车、介绍车的特点、做车的示范演示,并负责旧车冲抵。他时刻注意发掘我前面说过的线索。他的工作是了解顾客属于哪一种人、有何兴趣、想买什么车、害怕什么以及我们可以如何向他销售。

乔伊将顾客领入我的成交办公室之后,即会从样品间大厅给我打电话。我会对着听筒讲话,假装在与另一个人通电话。但其实乔伊在向我报告该顾客的情况。他会告诉我里程表上的数字、轮胎状况、保险杠上有迪士尼乐园的标志、有一个装猎枪子弹的空盒等。我会利用这些信息来消除顾客的敌意,使他克服恐惧,从而大胆地买下他想买的车。

对于顾客的恐惧我已讲过很多。你只要想想顾客的心理活动即可。他可能是一名一般的工人,而买一辆车要花5000美元,这是他4个月的工资,所以他难以忘记这一基本事实。我们尽力使他能想通,使他能下定购车的决心。你要记住,没有人强迫他走进我们的商店。不论他是否收到我的信件,也不论我的生意介绍人如何劝说,他只有在想买车和需要车的时候才会来我们店里。我们要做的事情是:让他的决定以最不痛苦的方式得以实现。乔伊在电话中告诉我顾客越多的信息,我就能与该顾客越快、越有效地成交。我说的越有效是指以他能承担的价格为他安排最合适的车，供他上班及业余活动时使用。记住，我从来不想在月供数额或贷款总数上欺骗顾客。我希望他们能管理车的每一方面，包括购车费用。因为如果他付购车款很艰难，那么我虽然拿到了佣金，但他会不喜欢回忆起向我买车的经历。雇了助手以后，我就能更好地把合适的车以合适的价格卖给合适的人，因为我的情报工作更棒了。

乔伊还帮我确保对顾客的销售成功，因为正是由他持顾客开出的定金支票去银行"敲定"——这是我们的行话，指银行签字担保。一旦我拿到顾客的定金和他在订单上的签字，并让顾客试开了新车，尼克就接管并负责处理全部售后行政工作。他会敲定贷款、保险、注册的细节，发致谢函，做好办公室的文件工作，并将有关信息写入档案。

那我做什么？我负责成交。我使顾客说出OK，并真的是要OK，而不是"可能"或"我会告诉你"。

销售是最神奇的演出

我说过销售就是演戏，我为我的顾客演戏。我不会说谎，正如演员或喜剧演员在舞台上也不说谎一样。我演朋友、顾问、劝说者的角色。当卡罗尔·奥康纳饰演阿尔奇·邦克（美国电视剧人物，指工人阶层中头脑顽固、自以为是的人——译注）时，你知道他本人不是阿尔奇·邦克，生活中也没有阿尔奇·邦克这个人。但你又相信卡罗尔·奥康纳就是阿尔奇·邦克。当他做出伟大的表演时，他并没有向你说谎。我也一样，我就是我扮演的人，同时我也是想从再卖一辆车的成就中得到兴奋感（并想再多挣点钱）的乔·吉拉德。

我需要助手帮我备好剧本，并帮我在演出后引导观众散场。过去这些事我一个人全包了，而且干得挺好。我在雇人帮我之前，甚至赢得了几项奖。但现在有了助手之后，我可以干得更好了。其实你挣得越多，就越花得起钱雇人来使自己挣更多的钱。一旦我已经尽全力工作，我就无法再提高效率了，除非我能聪明有效地利用他人。除此之外，别无他法。

但以上说法也不完全真实。许多人问我怎么不自己当经销商。一个很简单的答案是：我是销售员。我35岁才当销售员，在那之前我干过很多工作，但都干得不太好。直到我发现销售——你需要发现它——之后，我才真正感到我喜欢并想一直做这份工作。目前销售是我生活中的一大快事，它给了我极大的满足，而且是我极好的收入来源。

我本来可以筹集资本当经销商，而且还可能干得很成功，但我不想这么做。我做销售愉快极了。我的两个很棒的助手帮我做业务，他们的工资都很高。我不用老看着他们，我不必做人事、资本、安全或管理决定。我的经销商挣钱比我多，但他有权挣得多。因为他为生意投入了一大笔钱，而且他承担的责任也比我大得多。但事实上我挣的钱比许多经销商都多得多。

生活中最令我兴奋的东西

当经销商最糟的一点是我将不再有时间搞销售。我可能会挣更多的钱，但也不会太多。而且我会失去生活中最大的乐趣，即每天至少成交5辆车所带来的兴奋。经销商绝不会有这种兴奋，我说什么也不会放弃销售。当然我不是说拥有一个经销店不是一个很好的谋生方式。它当然是，但它不如销售那样有趣。我是一举两得——即有趣又挣钱。我认为没有任何东西能比得上销售的快乐。

近年来我开始从事一些与销售有关的活动，它们也为我带来同等的兴奋。如我所述，我常向销售员作演讲，并制作销售培训电影。它们在应用意义上如同面对面销售，而在其他意义上则比实际销售还要精彩，因为它们集中了我全部的心得。

我谈到了影响力以及卖车带来的兴奋感。但我发现，演讲及拍电影让我以很特别的方式将影响力以及卖车带来的兴奋感综合在了一起。演讲及拍电影并不是本书的主题，但请让我解释一下，而且我认为你会理解它与本书的主题其实密切相关。当我站在讲台上向其他销售员演讲时，我会得到几个回报，其中的一个就是类似于我与顾客成交时的兴奋感。我在讲台上也有同样的兴奋感，而且更加强烈，因为我知道我的观点正被一大屋子的人所接受。这些听众后来会告诉我：我的演讲深深地影响了他们。他们会给我写信说从没有人对销售讲得如此切中要害，因为其他演讲人没有我这么多的实践经验。拍电影也有这么一种兴奋，因为我知道观众从没见过关于销售过程的如此真实的表演。我对自己做的事及其精彩程度感到骄傲，并深感兴奋，因为我知道自己正在改变其他销售员的职业生活。

与经营汽车经销店比起来，我更喜欢销售和帮助其他销售员，为此我推出了乔·吉拉德销售培训课程。多年来，我见过许多人尝试销售，但最终都选择放弃或收入平平。我一直相信如果这些人能得到适当的引导和训练，那他们今天将会是另一种完全不同的生活方式，连他们自己都想象不到。

但请记住，当你独自面对顾客做关键性交锋时，有其他许多人及服务部门在为你工作。你应寻找和得到你能得到的一切帮助。这可能包括兼职助手、全职助手及生意介绍人的帮助。因为只有发挥优势——最有效地发挥力量——你才能最好地利用你的时间和技能。

任何人只要真正愿意,即可像我一样把业务做大。我的业务是逐步发展起来的,我的收入虽然增加了,但我也投入了收入的一部分。你得到更多的帮助,就会有更多顾客及更多的收入,这是一个无限的良性循环。我的业务就是这样发展壮大的,而你也可以这么做。

虽然我先雇了兼职助手,之后又有了两个全职助手,但你不要认为我在很悠闲地工作。我仍像以前一样要加班,但我的效率更高了,因为我全部的时间都在做我擅长的事——成交。外科医生是不会去清洗手术器械的。他雇拿较低工资的人去做这件事,而他自己则只做能带来巨大收入的事——外科手术。所以我们也是外科医生,也应把全部时间用来做外科手术,让其他人来做手术前的准备、做检验、收集病历,以便我们能解除病人的痛苦,让病人恢复健康。

尽力得到各种帮助——它会增加你的毛利和纯利。

提示:做个讨人喜欢的人

1. 人要为自己的长相负责,长得不好,那就保持微笑。
2. 不在奉献中快乐,就在快乐中奉献。
3. 不要骄傲,即使你看起来是个天使。但你也只是个普通人,有自己的优点,也有缺点。
4. 不要玩花言巧语。神说,要给你一只金碗,你会很开心。但当你发现神对其他所有人也这么说时,恐怕你就会大失所望了。
5. 即便是自己十分讨厌的人,也可以不露痕迹地避开。
6. 无论在什么地方都要诚实。

十九　为职业投资

题注：记住，懒惰是永恒的绝望

有人总结说："对于个人，20岁到30岁时，一个人靠专业、体力赚钱；30岁到40岁时，则靠朋友、关系赚钱；40岁到50岁时，靠钱赚钱。"由此可见，你总得要投资什么，才有可能赚到钱，无论是专业技术，还是体力、关系。在本章中，乔爷就向我们展示了他是如何为自己的职业进行投资的。

乔爷认为，递名片的行为就像是农民在播种，播完种后，农民就会收获他所付出的劳动。乔·吉拉德常常提着10000多张名片去看棒球赛或足球赛。当进球或者比赛进入高潮的时候，他就会站起来，大把大把地将名片撒向空中，让自己的名片在空中漫天飞舞，这为他销售出更多的汽车创造了机会。当他去餐厅吃饭付账的时候，通常会多付一些小费给服务生，然后给他一盒自己的名片，让服务生帮助自己送给其他用餐的顾客。他寄送电话或网费账单的时候，也会夹两张名片，人们打开信封就会了解到他的产品和服务。正如他自己所说的那样："我在不断地推销自己，我没有将自己藏起来。我要告诉我认识的每个人，我是谁，我在做什么，我在卖什么，我要让所有想买车的人都知道应该和我联系。我坚信推销无时无刻不在进行，但是很多销售人员往往意识不到这一点。"

除了名片之外，乔·吉拉德每月都会给所有的客户寄卡片。平均每个月寄出16000至17000张卡片。他并不像其他汽车经销商那样，在卡片上写一大堆"大降价""跳楼降价""疯狂甩卖""独家降价"之类的话，而是在一月的贺卡上写上"新年快乐"，二月写上"情人节快乐"等，然后签上自己的名字寄出去。一年12个月里面，人们每月都会收到他精心寄送的卡片。持续地积累人脉资源，为乔·吉拉德赢得了空前的成功，他一生总共销售了13001辆车，最高单月销售纪录为174辆，平均每日售出约6辆车。这些纪录自他1978年1月宣布退休后，至今仍未有人能打破。

其实，乔爷所建议的为职业投资，也并不是什么新概念。天道酬勤，一分努力，才会有一分的收获。所谓的为职业投资，不过两方面罢了，一是为提高知识，增强技能而进行的勤奋学习投资；二是为了得道多助，增强关系网而进行的人脉投资。只是乔爷更侧重于后者，但即使如此，那也须得一个"勤"字功夫。毕竟，天下没有现成的人才，也没有一出生就有卓越智慧的人，大多数人才都是经过艰苦的磨炼才成为经邦济世的可用之才的。没有什么成功是可以不需要不断积累就能得到的。所以，古人云："千秋功业，唯自强不息者能成之；万古美名，唯自强不息的人可以留下。"董仲舒也说："事在强勉而已矣。强勉学问，则闻见博而知益明；强勉行道，则德日进而大有功。"改变成乔爷的话，则可以说："如果一个人努力开发顾客资源，那么他的顾客就会越来越多。"

《中庸》云："人一己百，人十己千（人家用一分的努力，我就用一百分的努力；人家用十分的努力，我就用一千分的努力）。"说的就是自强不息的功夫。现代人都希望自己能在社会上有所作为，却不进修德业，才疏学浅，没有社会需要的才华或技能，又怎么可能有作为。如果真能从本书中得到启发，在已有的经典中探求勤勉自强之道，并且努力思考，让自己彻底理解书中的精要，然后去实践它，体悟它的效用。还用担心自己无所作为吗？

所以乔爷这本书，不独是写给销售员的经典，亦可成为个人在其他方面增强自身力量的绝佳指导。

种如果因，结如是果，懒人就不能指望收获。成功学家马登曾举过一个这样的例子：有一位农民获邀参加一场农业委员会的会议，就如何根据某个坡地上的土壤特性来种植一种特殊的水果分享自己的经验。他只是简单地说道："这没有什么秘诀可言，其实，无论是怎样的高度，哪种土壤，对勤勉的人而言，这些都不是很重要。"许多勤勉的农民在贫瘠的土地上获得的收成都还不错，生活得也很舒适。同样的道理，就算是在肥沃的土地上，懒惰的人也是难以生存的。

没错，只有在充满苦难和障碍的现实里，你的理想才会傲人耸立。因此，我们要告诫自己，努力地工作，相信自己，勇敢而自由地生活。让我们攥住理想的拳头，排除眼前一个个的困难和障碍。要知道，身边的环境只不过是你用来实现理想的工具而已。这些"材料"具体的属性和归类并不重要，重要的是你怎样为发挥它们的最佳效用而努力。

让销售机会最大化

我对自己和我们职业的阐释可以通过多种方式表达出来。其中一个方式是你要理解所有能吸引顾客并向其销售的最有效的方法都是要花钱的。如果你想消除风险并确保收入持续不断地增长，你就要花钱以引来生意，任何商人都面临这一问题。事实上，这就是商业的实质：决定什么是可以获得最大利润的花钱方法。对我们而言，这既是投入金钱的问题，也是投入时间的问题。既然我们知道什么是最重要以及最有价值的事，那我们只需要找到在吸引生意方面最有效的方法就好。

生意介绍人的价值很好理解，因为你只在达到目标——与顾客成交——之后才付介绍费。所以花钱和花时间去得到更多生意介绍人就是可行的。顾客会读的直邮信函就值得你花钱去寄，这一点人们可以理解。而顾客不会读的直邮信函就不值得寄，即使是不花钱的。

你应该已经相信，我的生意介绍人招募及直邮信函邮寄都是值得投资的。但你可能认为它们只对我有价值，而你做类似的事就不划算。我要说的是，我在花钱做这两件事之前就知道它们会起作用，因此我才会这么做。我先小规模地做，效果很好，所以我不断地将其做大。你也可以试着这么做。

但你要先调查你所在的行业，发现自己的最大机会是什么。例如，有一次我一个开修车店的朋友的妻子做了手术。这个朋友的修车技术很棒，帮我解决了许多顾客的维修问题。我想给他的妻子送份礼物。人们总是给病人送鲜花和糖果。但这些礼物太滥了，总会被扔掉。我送的礼物维持时间越长，他们就越能记住我。我认为绿色植物可以活很久，作为礼物正合适，于是我送了她一盆植物，而不是鲜花。植物可以放在家里，于是家人就一直记得是谁送的。现在我与花店主人已经约好，一旦我需要礼物时他就帮我送出。我会送出盆栽植物，它就像一件小家具。人们不会轻易将这种礼物扔掉。这种礼物是特别的，它的使用价值超过它的现金价值。这就是关键所在——不论你做什么，它的实际价值应该超过它的现金价值，但这并不意味着礼物本身就应该是便宜的。你只需要考虑送这份礼物对你扩大生意有什么好处，它如何使人认为你是好人，并向其亲友夸奖你。你要做的正是这种商业判断，以确保自己能最有效地利用时间和金钱。五角大楼的人会称这是"有成本效益的"。它并不意味着便宜。它意味着你花的钱很值，不论你花了多少钱。

明智花钱，钱花得越多挣得越多

你会认为礼物、盆栽植物等是挥金如土的人才会送的，事实并非如此，这些礼物人人都可以送。当你听说顾客病了时，你寄张卡片祝他早日康复，你想想这会产生什么效果呢？什么样的销售员会做这种事？于是，这张卡片寄到了还在医院的病人那里。病人正无事可做，只有看电视并等亲友来探望他。你只是寄了一张卡片——不是盆栽植物——可是你知道它会使病人记起你，并向每一位来探望的人说起你："销售雪佛兰车的乔·吉拉德寄来一张卡片——祝我早日康复的卡片。"或假设你是成衣销售员，当裁缝店的主人生病入院时，你曾寄了一份礼物给他。如果今天来了一名顾客要买三套西服，而且明天就要拿到手，那你知道裁缝店的主人会帮你连夜把西服改好。

只要你明智地花钱，你花钱越多，就有越多的人愿意帮你，向别人夸你，帮你销售并来买你的东西。

关于做判断和花钱，我已经讲了不少。但关于时间的投资我还有几个重要的方法，其中最重要的是要有巧妙的构思。不论你做什么生意或者效益有多好，它肯定还有改进的余地。做生意的方法永远不会十全十美。只要你花时间好好琢磨，就总能找到改进的方法。你要努力想出新的创意，你应该重新考虑行之有效的办法，好像你能重新安排它们并使其发挥出更大的效果。

下面是一个经典的例子：一个小伙子在人寿保险公司接受完培训后外出开展业务。每个人在受训时都被告之，拉生意的方法之一是查询本市的工商领袖名录。于是这个小伙子找来名录，可他坐下来翻开名录的第一页就停下来了。他突然想到培训班上的另外20名同学肯定也在做同样的事。大家都把工商领袖名录翻到第一页。这意味着大家都去找同样的潜在顾客，并向其销售同样的寿险。"我为什么也做这种事？"他自问，"我该如何超过同学呢？"然后他突然有了一个简单、显而易见的主意，那是大家都没想到的。他不从字母A开始找，而是把名录翻到中间的"N"。因此，接到他电话的潜在顾客几乎从没接到过寿险销售电话。于是，他与许多潜在顾客有了约会，并从一开始就卖掉了大批保单。

这个人现在是一名很富有的保险代理人。他认为，想出了一个更好的业务操作办法是他成功的主要原因。他说后来事情就变得简单了。我不完全信他的说法，他也不太相信，因为我们都知道他做业务一直很机敏。他一直寻找用新鲜而不同的办法解决老问题。由于他在用心寻找，所以他比其他销售员拥有更多新鲜而不同的办法。

与众不同，通常会更好

我的直邮信函计划、我的送礼及我做生意的整个方式，与目前大部分人的卖车方式不同。你也可以这么说，我卖车的方式与其他人过去的卖车方式极为不同。我刚入行时并不知道任何做生意的"古训"，所以我就开发了我自己的方法。我不是一下子，而是逐步地开发了自己的销售方法。因为我一直在寻找扩大生意和卖车的更好办法。我不是说我的一切方法都是自己发明的。我也借鉴了其他行业的许多创意。你那一行的销售员按名单做事时都从字母A开始的吗？为什么不可以学上面那个小伙子从字母N开始，或从字母Z开始。不论你用什么方法，不要因为别人一说"你不能这么干，没人这么干过"，你就不敢尝试了。

世界上最傻的做事态度可能是：这事不能干，因为没有人干过。如果这个观点是有真实依据的，那世界上就不会有创新的事物了。那些发明、伟大的新创意也就不会存在了。对你的生意来说，道理也是一样。谁说没人试过就一定没效果？只有那些不想投入竞争的人才会这么说，但我们这个职业的实质就是竞争，每一个销售员都一直与销售同类商品或其他商品的人相互竞争。顾客可能无法决定应该今天买我的车，还是应该六个月之后买游艇或出去度假。于是游艇经销商或旅行代理商正在与我竞争，此外还有几千人在卖雪佛兰车及世界各个品牌的车。

你能获得的最大优势是想出一个更好的办法来接近顾客并向其销售。好的创意总是值得花时间去琢磨的，也是值得花钱去推广的。人们管它叫研发（Research & Develop）。你也应该搞研发，你应时刻准备尝试新东西，并用新方法检验当前方法的价值。这样，你就能一直改进你销售的最重要产品——你本人。

关键是寻找做事的新方法，令人无法预料的方法可能是最有效的方法。我说过自己对涉及种族的辱骂很敏感。一旦有顾客说"意大利佬""拉丁佬"，我就会很生气。不管是否打他一顿，我都会发火并放弃这笔生意。后来的某一天我意识到我的工作是向想买车的人卖车。我不想因为自己的西西里血统而与人打架并丢掉几笔生意或被打落几颗牙齿。于是我做了一件很简单的事：我请印刷商为我做了一批新名片。我没把我的合法名字吉拉迪（Girardi）印上去，而是把"i"去掉，成了吉拉德（Girard）。我并没有依据法律改名。我只是取了一个艺名，正如约翰·韦恩和迪安·马丁等几千个美国演艺界人士的艺名一样。我提到过的那个卖凯迪拉克车的销售员也在名片上把自己名字的后一半去掉了，因为原名太长，不方便书写和发音。

这是个简单的创意，但我花了很长时间才琢磨出来。一旦我决定这样做了，我的生活就因此而改变了。它消除了我做生意时的一个顾虑，但并没有改变我私人生活中的任何方面。有些有意大利血统的人曾写信批评我，说我耻于做意大利人后裔所以依法改了名，但事实并非如此。我改名是为了便于工作，正如我上班不穿花哨的衣服，在生意上有许多做法都是为了便于我工作，并没有其他原因。我这样做是为了让顾客看到我时能信任我并愿意买我的车，我不关心他们对现实世界有何意见。我希望他们能来看我表演、信任我并买我的车。所以我要穿合适的衣服，给他们提供一个舒适的洽谈环境，并使用一个他们容易记住的名字，从而做一场完美的表演。如果他们对某些事情持有偏见，那是他们自己的事，我不想了解。在我向他们销售时，我不希望有任何东西影响他们对我的信任。

我不是建议大家去改名，但我想说的是你应检查一切方面（包括你的名字），看自己能否改进销售效率。我把名片上的名字改了之后工作就挺有效果。某个创意也一定会对你有效，不论这个创意是你自己想出来的，或是从其他商家那儿学来的。当你寻找创意时，研发总是值得你投入时间和金钱。但是当我说到时间和金钱时，我还应提到第三个因素——耐心。

有耐心并不是容易的事情，因为你的时间和金钱总是有限的。如果你没有耐心，那你虽能隐约看到巨大的利润就在不远处，但你可能永远得不到。当我开始招募生意介绍人时，我知道要产生效果就需要一些时间。但我仍不断寻找和招募，而且与他们谈妥之后还会经常提醒他们。

我会寄信提醒他们记住50美元的介绍费，还会给其中不少人打电话。你要先播种，后浇水，然后一边干别的事，一边等种子发芽。只要你第一步做好了，种子总会发芽的。这一点你可以放心，因为只要你努力并且有耐心，那么你已胜券在握，从长期来讲你就不会失败。

但仅靠耐心本身并不一定能取得成功。你必须投入时间和金钱开发自己吸引顾客和赢利的方法，从而确保自己成功。

用时间和金钱做良好的投资，即可使你在生意场上大展宏图。
要一直寻找新的、更好的经营思路和方法。

提示：把绊脚石变成垫脚石

1. 对你不大喜欢的人微笑，请特别恨你的人吃饭。
2. 让自己保持忙碌和慷慨。
3. 学会为职业投资，无论是精力还是财力。
4. 学会反省自己的情绪，并且找出对治办法。
5. 不要和过去的结果较劲，也不要和未来不好预期较劲，做好当下。
6. 无论遇上多大的困扰，不要被自己困扰。
7. 谋事，不谋人。

二十　成功的销售没有终点

题注：成功者是因为具备成功的美德

《马太福音》有这样一句话："如果有人强迫你走一英里，你就跟他走两英里。"在别人没有主动要求的时候，就主动去做，去做好——一个人若事事皆有主动性，又何愁不能成功呢。不要只为钱而工作，要为心灵的满足感而奋斗。我们见过有不少人，他们付出非常多的努力，以期实现更多的人生价值。很明显，他们都不是缺少钱的人。股神巴菲特如此富有，依然勤恳地做着一份年薪看上去并不甚多的工作，那些不计报酬甚至付出金钱去做慈善的人，同样不是为了经济利益。

由于我们与生俱来的安全感恐惧，使得我们无时无刻不为了拥有更强大的社会属性而挖空心思，殚精竭虑，这催生出了我们的各种需求。马斯洛把我们的这种需求分成了五个层次。

一是生理需求。这些是我们最原始、最基本的需要，如空气、水、吃饭、穿衣、性欲、住宅、医疗等。如果得不到满足，人类的生存就成了问题。这就是说，生理需求是最强烈的、最不可避免的最底层需要，也是我们努力的强大动力。这一需求注重于短期的、即时的。

二是基本安全需求。我在这里说是基本安全，是因为我说人的五大需求的终极诉求其实是安全感。而基本安全需求只涉及一般性的生理安全，只是包括在终极需求内罢了。这一需求有劳动安全、职业安全、生活稳定、希望免于灾难、希望未来有保障等。安全需要比生理需要较高一级，当最基本的生理需要得到满足以后，我们就会产生这种需求。这是一种偏向于中长期的需求，希望未来能够被保障。

三是社交需求，也叫归属与爱的需求。满足了前两者的个人，便有了生理需求之外的精神渴望，难怪古人说"饱暖思淫欲"。看来我们的古人早就洞悉了人类的本能。有了这一需求的人，渴望得到家庭、团体、朋友、同事的关怀爱护理解，是对友情、信任、温暖、爱情的需要。这与个人性格、经历、生活区域、民族、生活习惯、宗教信仰等都有关系，而且难以察觉，无法度量，比生理和安全需要更细微。

四是尊重需求。这种需求分为自尊、他尊和权力欲三种，包括自我尊重、自我评价以及尊重别人。所谓自尊不过是自我中心的代名词罢了，因为安全感的缺失，才那么在意自己。可以说，自尊就是自卑的反面呈现，一个自信的人是既不会自尊，也不会自卑的人。因为，他经由第五种需求"自我实现"达到了完整的自我认同。

五是自我实现需求。能满足第五种需求的，唯有通过完成与自己能力相称的工作，最充分地发挥自己的潜在能力，成为自己最期望的人物，才有可能满足这一需求。其实，自我实现需求，也是自我认同需求。

在本章中，乔爷想要强调的就是不断努力，去实现心灵的满足，去满足我们最高级的自我实现需求。

这便需要我们坚持不懈，精进不休。

好书往往珍藏着一个人的思想精华，这本《世界上最伟大的销售员》亦如是。总结乔爷这本书的思想精华，我们可以看出，他所强调的诚实、守信、积极、勤奋、舍得、愿意磨砺自己的心志等，是一个成大事者皆须具备的品质，缺少任何一种皆不可能成就伟大的人生。智者，先行一步；强者，步步为营。努力去做就好，而不是好才努力。

不要把时间浪费在怨天尤人上。《了凡四训》说："凡天将发斯人也，未发其福，先发其慧。"这里的慧，其实是美德。如果我们具备了乔爷强调的所有美德，则天不发我们都不可能了。

希望本书，可以成为读者们明心发慧的读品，或者你的人生可因这一本书的出现而发生巨变。

我的成功没有秘密

如果你已经读到这一章，我希望你并不是在寻找有魔力的词或有魔力的公式、咒语，以供你对着镜子默念。生活和生意都不是靠这个维持的。成功销售的过程意味着对自己的脑力资源做无限的利用。所以，没有最后一章。这个过程将不断地重新开始，循环往复。

我在漂泊了35岁之后才开始这一销售过程，但我只用了几年时间就成了行业顶尖人物。我现在就处在顶尖位置上。

许多人，可能有几百万人，都听说过我的故事，而买我车的人则有万余。他们认为他们很了解我，因为我很了解他们。他们认为我去过黄石国家公园；他们认为我在塔沃斯（Traverse）市附近钓过鲑鱼；他们认为我有一个住在塞尔弗里奇（Selfridge）空军基地附近的姑母。他们这样认为是因为他们去过黄石国家公园、曾在塔沃斯市附近钓过鲑鱼、住在塞尔弗里奇空军基地附近，而且因为我了解他们的生活。

他们认为自己知道我的名字及长相。或许他们听说过许多关于我的事，但他们真正在乎的是买我的车的时候是否物有所值。他们信任我，并信任我和他们做的交易，因为他们确信我会给出最好的价格。他们想得没错，那确实是对他们和我真正重要的事。

我讲过的东西中如果有秘密，那就是这样一个事实：任何人都能像我一样做到顶尖的位置。你不必是一个天才，我连高中都没毕业。但说到商家对我的接待，我仍相信我的眼、耳和感觉，而且我知道我为什么买A商家的东西，而不买B商家的东西。

我一直牢记我遇见的每一个人都可能对我的销售生活具有重要的意义。我绝不认为任何人只能与我成交一次。我永远记着吉拉德250法则。所有的亲友、同事、保龄球球友等都可能是这250人中的一分子。要理解这个法则如何产生效果，一般人都能明白。我知道这250个会批评我待人不诚的人也可能就是我的顾客。我绝不会忘记这一点，而且我认为任何销售员都不能忘记这一点。

你可以确信如果我一直想着250人，我当然会小心善待每一个顾客，甚至是信用评级最差的顾客。毕竟我一生中也曾有许多时候身无分文，但我终于奋斗成功了，而且现在我有了顶尖的信用评级。所以我认为即使某个人已经难以支付账单，他也仍有可能东山再起，转危为安。只要你在他信用评级很低时设法资助他，他就会终生信任你。

因此，当一个顾客为拿到的购车贷款而需要一个共同签字人时，我会很小心地处理这一情况。我会请对方叫来最好的朋友帮我核实他的车贷申请，并让对方同意由我处理此事。但当一个男人听说你想让他为朋友的车贷签字时，他开始通常会说自己决不愿意干共同签字的事。但我尽力避免公开摊牌。我要求他看看申请表上的事实并"帮我确认一下"。我会把笔推到他眼前，而他只好拿起笔来。如果他表示异议，我会谈起他与我顾客的友谊。我会提醒他说他们一块钓过鱼、一起上过高中、一起追过哪个姑娘等。我会提醒他说他们是好朋友，而他的朋友眼下需要他的帮助。我的顾客这时也会保证自己还款没问题、麻烦已经过去、现已有了一个好工作等。我会把场面调度得很好，他如果不帮这个忙就会失掉朋友，而且还会在我面前出丑，于是他就签了。

我能做到这一步是因为我真的相信人能改变生活，因为我就改变了自己的生活。因此，你也能改变你的生活。当我使对方在表上签上了共同签字人的姓名时，我其实在表达自己这样一个信念：别人也能像我一样从低谷冲上顶峰。

我永远不会忘记自己在青少年拘留所度过的一夜，也永远不会忘记我晚上睡在铁路货运站棚车上的情景。我现在有一个美丽的家，离大富豪亨利·福特二世的家只有几个街区。我修了一个很漂亮的卫生间，作为送给妻子的礼物，有大理石的澡盆、桑拿间和环屋而列的圆柱。光这一项就花了我32000美元。这比我干销售之前任何两年的工资总和还要多。

如果我说的这些话听起来像是自夸，那我估计我是真有点儿自夸。但我明白你读这本书不是为了了解我现在生活有多好，你是想知道我如何取得成功，以及你自己如何才能成功。

我要给你的忠告是：你也能成功，因为如果我过去那样差劲现在都成功了，那么证明任何人都能成功。但你必须要有对成功的渴望。我认识的许多销售员和我一样聪明，可能有的比我更聪明。他们之中的很多人也和我一样善于成交，可能水平比我还高。但他们的业绩不如我好，也不如你做得那么好。他们可能有点懒，稍微有点儿成绩就知足了。但如果你想有更大的成绩，你就要有强烈的愿望。你对自己的目标要十分明确，几乎要触手可及。你要激励自己，就像我妻子告诉我孩子没饭吃时我对自己的激励一样。你的目标可能是挣钱为岳母另安排一个住处，可能是买一只可供食宿的游艇，可能是去巴黎玩一趟。那你就要对自己的目标心怀渴望，并在职业生涯中努力奋斗。要将你遇到的每一个人都视为贵人，好像他买了你的商品就能使你实现目标一样。同时你要自省，以判断自己为什么喜欢一些人而不喜欢另一些人，而这也就是你购物时选择店家的原因。

想想你购物时偶尔感到的恐惧，然后你就能开始理解顾客遇见你时会想什么。想一想人们在害怕时会如何急于寻找朋友，然后你就去当顾客的朋友，要让自己成为顾客能够信任的朋友。

我说过，销售是一种游戏、一种表演，但它也是现实的。如果你工作干得好，你就真的成了顾客的朋友。我不是说你应和他玩保龄球或请他去你家玩，不是那种朋友，而是对方可以信任你，你也得体地对待对方的一种朋友。他进店时心怀恐惧，他知道你对他的健康和福祉不感兴趣，而只对你自己的健康和福祉感兴趣。他知道你不关心他的妻子和孩子，以及今天上班时发生了什么事。但当他突然发现你真的关心他，因为你在问他这些事情，那么他很快就不再害怕了。他开始相信你可能真的关心他。你让他讲，而你专心倾听。不一会儿，他就会很信任你，并按你说的去做，即签订单买你的东西。

顾客是最有价值的资产

现在接受检验：他买了你的商品之后会后悔吗？如果他信任你，他就不会后悔；如果他发现你真的对他很公平，真的讲清楚了商品的质量和价格，他就不会后悔；他购物完毕离开后，你才真正开始接受检验。他购物完离开时十分安心。现在他已经到家，虽然他不十分肯定自己应该买，但他用着因为信任你而购买的产品。他在用着你帮他挑选的产品。如果你的游戏玩得公平，双方都胜利了，那你就制造了销售行业最有价值的资产：一个信任你的顾客——因为你帮他得到了他需要和想要的产品。

这一切听上去很简单，也没什么复杂的，但需要你真正用心。我已经多次说过你要有愿望，要知道自己想得到什么。但有时愿望也会使你变得贪婪，而不再是一个正派的销售员；有时这也会使你把顾客逼得太紧。不论你们能否成交，如果把顾客逼得太紧，你就会失去这名顾客。即使他不向朋友讲你的坏话，他下次也不会来买你的东西了。你必须学会控制自己的愿望，让愿望把你变得更聪明，而不是让你变得愚蠢和贪婪。

你可能每天早上起来就恨某个人：你的老板、岳母、你的狗或已过世的父亲。但你最好在上班前就明确自己恨什么。因为你可以用这些消极情绪驱动自己养成好习惯，而不是坏习惯。你可以将这些消极情绪转化成一种渴望，即把顾客尽力争取到你这一边来。

我从未停止过努力工作向父亲证明：天生我材必有用。很多年来，他的话打压着我的积极性。我当时真的认为：如果我调皮并且成了流浪汉，他就会喜欢我，因为这证明他的话说对了，但后来我长大了。如果我一直认为自己就是没出息，那我就无法生存下去了。于是我反过来做了。我记得他说过我没出息，于是我以此来激励自己，证明他说错了。我每与一名顾客成为朋友，就证明父亲是说错了。我每卖掉一辆车时，每当有顾客信任我相信我时，我就打赢了一场与父亲的战斗。

父亲的话语、拳头和皮带并没有使我变得愚蠢和没出息，反而使我变得更聪明，使我做事更有效率，并在专业水平上不断得到提升。任何已经有所进步的人都要与自身只想沉沦下去的力量进行抗争。任何人心中都有两种情感：毁灭性的和建设性的，而取胜是建设性的情感所为。如果我能从失败者变成胜利者，那么任何人都能成功。

我并不是在某一天早上醒来就有了魔术般的变化；我也不是突然就学会了如何善待顾客、该倾听谁的意见、不要与谁太接近、如何让顾客读我的信、如何使人买我的车，等等。

如果我能成功，你也能

我努力解释了成功是如何发生在我身上的。我尽力诠释以使你相信你自己也能成功，如果你做了努力的话，那你肯定会获得成绩。我讲的不是心理健康或内心安宁，我讲的是销售，是你的工作及思考工作的时间，这占了任何销售员职业生涯的大部分。在工作中你要审视自己、审视自己想得到的东西并专心研究如何达到目标，你天天都要这么做。你要提醒自己记住自己想要的东西，你还要考虑如何才能达到目标，以及如何才能再接再厉。

这意味着你要把自己的工作看成一种职业。在这种职业中，你既有正确的行动也有错误的行动，你的有些创意和方法行得通，有些则行不通。你要研究你自己以及你的工作，了解什么方法能使自己的工作更有效率。我已经就自己如何思考、感觉和工作介绍了许多。我介绍了我所使用的方法的许多细节。我知道我介绍的内容中有许多你可以利用，因为许多销售员都说从我这儿学到了不少东西。他们说我介绍的内容对他们挺有效果的，但最机灵的销售员会继而开发自己的工作方法。他们借鉴了我的方法并开发了更好的衍生方法。他们甚至有自己的全套系统做法，而且对他们来说，效果比我的做法还要好。我知道其他商业领域的销售员也成功地应用了我的技巧和方法，尽管他们那一行从没用过这些技巧和方法。我们看到一种新型小零售店——如时装服饰店——正在兴起。这种店面积不大，主要卖成衣，并有非常私人化的服务。这表明尽管你可以在自助店推着小车随意购物，但人们还是希望有私人化的服务。人们喜欢销售人员招呼他们并关心他们，在来了合适的商品后打电话通知他们、记住他们的生日及兴趣，并给他们写私人信件。

不论你卖什么，你都能把销售做得像时装服饰店销售成衣那样。因为重要的不是你在哪种店里工作，不是你卖哪种商品，而是你如何对待顾客。这是世界上最陈旧最平淡的忠告，但也是最真实的忠告。在目前电脑和自助方式流行的世界中，能说"谢谢你"的销售员看上去就像英雄和朋友。你一定要说"谢谢你"，因为这发自你的内心。为什么不应该是发自内心的呢？顾客进来买了你的东西，付钱给你，这样你就能抚养孩子、去欧洲旅行或买一艘快艇。所以你最好是发自内心地谢他。你最好相信付钱给你的人不是"闲人"，而是活生生的人。

本书没有最后的话。故事并没有结束，它还在不断地重新开始。但故事每次开始、你每次撒种或填满菲利斯摩天轮的座位时，你的职业水准应有所提高，而你所用的方法应更加有效。顾客数量和利润是逐步增长的，但它们总在增长。你销售的产品越多，你就能得到越多的乐趣和利润。

我在本书开始时说过，如果你阅读、倾听并像我一样掌握了方法，并按我的方法去做，那你无论销售什么都会有所进步，并更喜欢你的工作和你自己。

如果我能成功，你必定也能成功。我打包票。

提示：现在就行动

1. 如果有人让你多走一英里，你就跟他走两英里。
2. 越是帮助别人，你得到的回报越多。
3. 早一个小时上班，晚一个小时下班。
4. 送特别小礼物给你认为不特别重要的人。
5. 每天至少赞美一个人。
6. 分担别人肩上的负担，但不要成为别人的负担。

译者后记

本书是美国乃至世界最著名的汽车销售员乔·吉拉德1977年写就的。1977年版的《吉尼斯世界纪录大全》记载了他的汽车销售纪录。他在本书中详细介绍了自己15年的汽车销售经验。虽然只有高中文化程度，但他的作品写得生动直观，通俗易懂，故事性很强。本书具有极高的阅读价值，他对汽车销售真是悟透了，各种方法运用得炉火纯青。看完本书你就会了解他的顽强、自信和机灵。作者在书中列举了很多真实的案例，提供了大量可操作的方法。他介绍的方法明确而具体，不仅可用于汽车销售，也可用于其他商品的销售。1928年出生的吉拉德现已93岁了，希望你读完本书后会喜欢这位直率的美国老人。

对于大部分人来说，销售是令人鄙夷的工作或职业。但是销售是必不可少的，更是无法替代的。因为商业总离不开销售，即使现在出现了网络销售。全国乃至世界每天有多少人在做销售的事情。销售确实是一种重要的职业，与我们的生活息息相关。

在我国营销行业迅猛发展之际，本书的推出显得尤为适宜。愿本书能给所有读者带来收益。